Spurensuche

Stefan Scholz

Spurensuche

Texte zur Advents- und
Weihnachtszeit

Verlag Friedrich Pustet
Regensburg

Die Deutsche Bibliothek – CIP-Einheitsaufnahme

Ein Titeldatensatz für diese Publikation ist bei
Der Deutschen Bibliothek erhältlich.

ISBN 3-7917-1821-5
© 2002 by Verlag Friedrich Pustet, Regensburg
Umschlaggestaltung: Atelier Seidel, Altötting
Gesamtherstellung: Friedrich Pustet, Regensburg
Printed in Germany 2002

Inhalt

Epilog

Vorwort

Und das Wort ist FLEISCH geworden (Joh 1,14)

Fleischwerdung Gottes – ein unerträglicher Gedanke den Gnostikern. Sie sahen in der Einkerkerung von Funken des unsterblichen Geistes in das Verlies vergänglicher Materie die Ursünde eines dämonischen Schöpfergottes.

Fleischwerdung Gottes – ein sympathischer Gedanke den Christen; Gott, einer von uns.

Obwohl einer von uns, bleibt er das göttliche Gegenüber: in seiner Vertrautheit auch fremd, in seinen Berührungen auch distanziert, in seiner Liebe auch hart.

Fleischwerdung Gottes – wer es glaubt, bringt den Stein der Menschwerdung in sich ins Rollen und nimmt teil an der Dramatik des Lebens und Sterbens Jesu.

Fleischwerdung Gottes um der Menschwerdung des Menschen willen – das Geheimnis der Weihnacht birgt die Verheißung eines Lebens in Fülle, ohne zu verschweigen, dass es auf diesem Weg manches Kreuz zu tragen gilt.

Den Christen der Frankfurter Domgemeinde in St. Bartholomäus und St. Leonhard gewidmet.

Prolog

Ein Volk glaubt anders
Zu Johannes 1,1–14

Am Anfang
nur Gott,
sonst nichts.

Aus dem Nichts
Erde,
Pflanzen,
Tiere,
Menschen.

Aus nichts –
staunenswert,
wunderbar,
gut,
sehr gut.

Und doch:
Scheitern,
Leid,
Tod,
Böses.
Woher?

Aus Gott?
Nein!

Aus der Menschenwelt,
irgendwie,
letztendlich geheimnisvoll.
Kein Paradies,
verfluchter Ackerboden,
mühselige Arbeit,
Herrschaft statt Partnerschaft,
Mord aus Neid,
Größenwahn aus Angst –
Menschenwege.

Aus Nichts geschaffen,
ins Nichts laufend,
ginge nicht Gott mit uns.

Gottes Wege:
Am Anfang das Wort.

Erde,
Pflanzen,
Tiere,
Menschen schaffend.
Rätselhafte Natur.
Mehr als nur Materie,
Erscheinungsort des Göttlichen.
Das Feuer – ein Gott,
die Erde – eine Göttin,
ein Baum – eine Nymphe,
Götter des Guten und Götter des Bösen.

Ein Volk glaubt anders:
Erde,
Pflanzen,
Tiere,
Menschen –
aus Nichts geschaffen
durch den einen Gott,
am Anfang
durch das Wort.

Gut,
sehr gut geschaffen:
Habt keine Furcht!

Gott,
der eine, gute Gott,
hält alles in seiner Hand,
von Anfang an.

Jahrtausende später
aus diesem Volk heraus,
ein Mensch,
ein unglaublicher Mensch,
der Mensch des Anfangs,
der neue Adam,
frei von Sünde,
frei vom Bösen,
frei, um Mensch zu sein,
Paradiesesmensch.

Mitten in der Zeit
einer
wie am Anfang,
gut,
sehr gut.

Woher?
Aus der Menschenwelt?
Nein!
Aus Gottes Welt.

Am Anfang
das Wort;
alles wurde durch das Wort.

Das Wort ist das Licht des Anfangs
und das Leben
ohne die Schatten des Scheiterns und des Bösen,
seit Menschengedenken der erste Mensch.

Am Anfang schickte Gott
aus Nichts den Menschen auf seinen Weg.
Ins Nichts wäre er gelaufen,
hätten Gottes Wege Menschenwege nicht
gekreuzt.

Durch Jesus setzt Gott den Anfang neu.
Neu geboren werden,
nicht aus Mann und Frau,

nicht durch Wiedergeburt, Seelenwanderung,
sondern in diesem unserem einzigen Leben,
jetzt, heute, jederzeit,
Neuanfang.

Aus Gott neu geboren,
ein neuer Mensch
durch den Glauben.

Zurück ins Paradies,
der Schlange noch einmal begegnen,
diesmal aber anders.
Gott vertrauen, statt aus Angst
seines eigenen Glückes Schmied zu sein;
den Menschen vertrauen,
statt zu herrschen,
Unliebsame zu beseitigen,
wacklige Türme gen Himmel zu ziehen,
um der Verletzlichkeit Herr zu werden.
Durch Christus und
mit Christus und
in Christus
Paradiesesmenschen werden.
Geheimnis des Glaubens.

Advent

Wer bist du?
Zu Jesaja 61,1–11

Wie fühlst du dich in deiner Haut?

Hat dir die Natur ein robustes Nervenkostüm
geschenkt,
sodass du selbst in schlechten Zeiten
noch aus dem Quell der Hoffnung schöpfen
kannst?

Neigst du zu Ängstlichkeit?
Hat dir das Leben seine schweren Seiten erspart?
Fühlst du dich kraftlos?
Strotzt du nur so voller Tatendrang?
Wer bist du,
dem ich verkünden soll:

Gaude! – Freue dich?

Was wirst du mir sagen, du, der Obdachlose,
der du halb erfroren nach eisiger Nacht
dich über den Lüftungsschacht der Kirche stellst
und dir den warmen Wind durch die Hosenbeine
wehen lässt? –
Was wirst du mir sagen,
wenn ich dir sage: Freue dich?
Und du,

dem es genügt,
jeden Tag pünktlich von der Arbeit zu kommen,
einem kleinen Hobby frönst,
in deiner Welt mit dir zufrieden lebst,
werden wir einander verstehen,
wenn ich dir sage: Freue dich!?

Was dir Freude ist,
wird es mir genügen, mich zu freuen?

Und du –
du schaust auf die Uhr und gähnst,
bist weit weg,
heute wird dich nichts anrühren.
Welche Freude werde ich dir mitgeben können,
wo es doch heißt,
heute solle man sich freuen?

Ich sehe auch auf dich,
von der ich weiß,
wie sehr du nach Freude suchst.
Du tauchst deine Hände,
zur Schöpfkelle geformt, in klares Bergwasser.
Wenn du es zum Mund führst,
schmeckt es abgestanden und faulig.
Freue auch du dich, sage ich.

Und ich lese die Frage in deinen Augen:
Wie denn, wie?

Wenn ich dich sehe, werde ich selber froh.
du strahlst
mit deinem ganzen Körper Freude aus.
Du gottbegnadeter Mensch!
Deine Seele weiß um ihre Tiefe,
verliert sich aber nicht in ihren Abgründen.
Du empfindest Trauer,
die Freude aber bleibt dir.
Ich freue mich an dir.

Gaudete, ihr Armen,
hört eine frohe Botschaft.
Doch schäme ich mich ihrer,
denn außer mit Worten komme ich
mit leeren Händen.

Gaudete, ihr im Herzen Gebrochenen,
heil sollt ihr alle werden.
Notdürftig habe ich eure Bruchstellen gekittet.
Heil seid ihr nicht geworden.

Gaudete, ihr an Leib und Seele Gefangenen,
als ich an den Knoten eurer Fesseln nestelte,
wurde ich meiner eigenen Stricke gewahr.

Freuet euch –
du willst Zerstreuung,
du suchst Vergessen,
du möchtest deinen Intellekt erfreuen

und du deinen Bauch.
Bevor du dich freuen wirst,
klagst du eine Erklärung für dein Leid ein.
Und du bist schon froh
und du bist noch voller Hoffnung am Suchen
und du liegst im Graben und wirst dich
um keinen Preis der Welt
noch einmal auf die Suche nach der Freude
machen wollen.

Jesaja,
das ist mein Volk,
dem ich deine Botschaft ausrichte.
So war auch dein Volk.
Von der Bitterkeit der Gefangenschaft in Babylon
getränkt.
Wenige ungebrochen,
viele zögernd und furchtsam,
manche resigniert,
der und die zynisch geworden.

Doch irgendwie brachtest du sie zusammen,
diesen kunterbunten Haufen an Schicksalen
und triebst sie voran in die alte Heimat.
Die Freude auf ihr Zuhause hielt sie aufrecht,
der Anblick ihres zerstörten Zuhauses warf sie
nieder.

Und du, von Gott Gesalbter,
du mahntest sie,
streicheltest sie,
schimpftest sie,
umgarntest sie,
tratst sie,
liebtest sie,
sagtest ihnen wieder und wieder:
Gaudete – freuet euch!

Über zwanzig Jahre brauchten sie,
um den Tempel wieder aufzubauen,
immer wieder gaben sie auf.
Und du hängtest sie an den Tropf deiner Freude,
weiß Gott, wie du sie dir bewahren konntest –
und nährtest die Rückkehrer Jahr um Jahr,
bis sie selbst wieder Mut fassten
und sich freuten über den Herrn, von Herzen,
und jubelten über Gott mit ganzer Seele.

Freut euch

Zu Philipper 4,4–7

Freut euch!
Der Herr ist nahe.
  Wann kommt Er?
Bald.
Ihr werdet es noch erleben.
  Meine Freunde sind gestorben.
  Er ist nicht gekommen.
  Was wird aus ihnen werden?
Er wird sie aus dem Totenreich holen.
Du aber, du wirst ihn noch zu Lebzeiten sehen.
Freue dich!
  Ich sterbe.
  Der Herr ist nicht gekommen.
  Ich habe Angst.
  Wird Er je kommen?
Sicher.
  Ich dachte, Er käme früher.
Du wirst ihn sehen,
im Himmel.
Freue dich!
  Er ist tot.
  Ob Er ihm begegnet ist?
  Sag, wann kommt Er?
Ich weiß es nicht.
Ich hoffe, Er kommt.

Das Leben geht weiter.
Niemand wird satt
vom Löcher in den Himmel starren.
Sag mir Bescheid,
Wenn Er kommt.
Sag, kommt Er noch?
Er ist schon da.
Wo?
In Seinem Wort.
In den Sakramenten.
In der Kirche.
Gib es zu,
Du willst mir schonend beibringen,
dass Sein Kommen
noch lange auf sich warten lassen wird.
Niemand weiß es.
Warte nur.
Freue dich!
Der Herr ist nahe.
Er ist da.
Lass mal,
ich gehe arbeiten.
Habe schließlich Familie.
Das Leben ist so gewöhnlich,
so nüchtern,
so wie immer.
Alltagssorgen.
Ich kann es mir nicht mehr leisten zu
warten.

Das Leben geht weiter.
Er kommt nicht.
Wie kannst du so etwas sagen?
He, warte doch,
der Herr ist ...

Der Herr ließ zu lange auf sich warten.
Auf ihn wartet keiner mehr.
Blutrünstige Kriege und Katastrophen
sind Beigaben des Alltags,
tägliche Kost für übersättigte Augen.
Kein Mensch käme mehr auf die Idee,
in ihnen Vorboten des Weltendes zu sehen.
Wenn der Herr nach Auschwitz nicht gekommen
ist,
wann soll Er dann kommen?

Wie können wir leben,
wenn nichts mehr kommt?
Käme Er doch endlich ...

Pflugscharen zu Schwertern
Zu Jesaja 2,1–5

„Die Völker schmieden aus ihren Schwertern
Pflugscharen
und aus ihren Lanzen
Winzermesser.
Man zieht nicht mehr das Schwert,
Volk gegen Volk,
und übt nicht mehr für den Krieg." (Jes 2,4)
Eine wunderbare Vision.

Hundertfünfzig Jahre später
predigt der Prophet Joël:
„Ruft den Heiligen Krieg aus!
Bietet eure Kämpfer auf!
Alle Krieger sollen anrücken und heraufziehen.
Schmiedet Schwerter aus euren Pflugscharen
und Lanzen aus euren Winzermessern!" (Joël 4, 9 f)

Jesaja verkündet Frieden,
Joël mit den gleichen Worten Krieg.
Jesaja spricht zu Menschen,
die des Krieges überdrüssig sind.
Sie haben einen Krieg verloren.
Sie haben die Heimat verloren.
Sie wurden ihrer Hoffnung beraubt.
Manch einer verlor seinen Glauben

mit dem verlorenen Krieg.
Den Kriegsmüden schenkt Jesaja
Hoffnung auf Frieden.
Immerwährender Friede
in künftigen Tagen.

Diejenigen, zu denen Joël spricht,
wissen nicht,
ob sie den nächsten Tag erleben werden.
Heuschreckenschwärme haben das Land verwüstet.

Joël klagt:
„Was der Grashüpfer übrig ließ,
hat die Wanderheuschrecke gefressen;
was die Wanderheuschrecke übrig ließ,
hat die Larve gefressen;
was die Larve übrig ließ,
hat der Nager gefressen.
Kahl liegt das Feld,
der Acker trauert;
denn das Korn ist vernichtet,
vertrocknet der Wein,
das Öl versiegt.

Die Bauern sind ganz geschlagen,
es jammern die Winzer;
denn Weizen und Gerste,
die Ernte des Feldes ist verloren.
Der Weinstock ist dürr,

der Feigenbaum welk.
Granatbaum, Dattelpalme und Apfelbaum,
alle Bäume auf dem Feld sind verdorrt.
Weh, was für ein Tag!
Vor unseren Augen wurde uns die Nahrung
entrissen,
aus dem Haus unseres Gottes
sind Freude und Jubel verschwunden.
Die Saat liegt vertrocknet unter den Schollen;
die Scheunen sind verödet,
die Speicher zerfallen;
denn das Korn ist verdorrt.
Wie brüllt das Vieh!
Die Rinderherden irren umher,
denn sie finden kein Futter." (Joël 1,4.10-12.15-18)

Von einem auf den anderen Tag
stehen sie vor dem Nichts.
Hunger und Tod,
das erwartet sie die kommenden Tage.

Die, zu denen Jesaja spricht,
sie haben das Schlimmste schon hinter sich.
Die, zu denen Joël spricht,
haben das Schlimmste noch vor sich.
Die nächsten Tage könnten ihre letzten sein.
Ja, vielleicht ist er gekommen ...
Mit der Heuschreckenplage
kommt jener letzte Tag,

an dem Gott aller Not seiner Gläubigen
ein Ende machen wird.
In seinem Entsetzen und in seiner Verzweiflung
schreit Joël den Völkern zu:
Rüstet euch zum Krieg.
Schmiedet Schwerter aus euren Pflugscharen
und Lanzen aus euren Winzermessern.
Bietet alles auf, was ihr habt.
Dieser Tag der Not ist der letzte Tag.
Es ist alles aus.

Und auch wenn wir verhungern
und elendig krepieren:
Unser Gott wird uns Recht verschaffen.
Unser Tod wird nicht umsonst sein.
Gott zieht gegen euch in den Kampf.
Und Gott wird euch besiegen.

Die Vision des Jesaja:
Friede.

Joëls Vision:
Hunger und Tod.
Und noch mehr.
Gott lässt sein Volk im Stich.
Das kann doch nicht sein.
Joëls Hass gegen die Völker –
nichts anderes als der Schrei des Geschöpfs zum
Schöpfer:

Lass uns nicht allein.
Hilf uns.
Du bist doch Gott.
Und wenn unser letztes Stündlein geschlagen hat
und die ganze Welt mit dieser Hungersnot
zum Teufel geht,
dann zeige dich wenigstens
am letzten Tag dieser Welt
als unser Gott.
Töte all unsere Feinde.
Alles, was uns gefährdet,
beseitige es.

Schwerter zu Pflugscharen –
eine wunderbare Vision.
Pflugscharen zu Schwertern –
ja, und ob!
Wahrhaft auch „Wort des lebendigen Gottes".

Wie kann Frieden werden,
wenn Hass und Verzweiflung herrschen?
Wie können Hass und Verzweiflung weichen,
wenn sie vor Gott verborgen werden?

Angst, Wut, Verzweiflung, Hass –
Gott kann's ertragen,
wenn wir sie ihm entgegenschleudern.
Wir können's nicht ertragen,
wenn wir sie behalten.

Traum von einer besseren Welt

Zu Jesaja 11,1–10

Splitterndes Holz,
schreiende Menschen,
berstender Stahl.
Das Heck der Titanic wird in die Höhe gezogen.
Leonardo di Caprio und Kate Winsley klammern
sich an den Fahnenmast.
Sie rettet sich auf eine Holzplanke,
er treibt neben ihr,
stirbt unbemerkt den langsamen Kältetod.
Die Retter nahen.
Doch zu spät für Leonardo.
Ein letztes Adio,
er versinkt in den finsteren Schlund des Meeres,
sie wird gerettet.

Die Macht der Liebe.
Standesunterschiede überwindet sie genauso,
wie sie Tod überlebt.
Gewaltige Bilder voll zarter Gefühle.
Gebannt, mit feuchten Augen
starren die Zuschauer auf die Leinwand.
Der Abspann läuft, die letzten Takte Musik.
Abrupt wird das Licht hochgefahren.
Widerwillig stemmen sich die Menschen
aus ihren Plüschsesseln.

Pärchen legen die Arme umeinander,
die meisten schweigen,
sie leben noch im Film,
weigern sich, zurückzukehren ins Jetzt.
Großes Kino.

Großes Kino heute Abend.
Es wird gezeigt:
Eine bessere Welt.
Der Autor: Jesaja.
Regie: Gott.
Zeit: Die Zukunft.
Der Ort: Überall.

Die Story:
Politiker mit Augenmaß und Weitsicht
lenken die Geschicke der Menschen.
Die Bedürfnisse der Schwachen und Armen
sind die Richtschnur ihres Handelns.
Weltweiter Friede herrscht.
Die rauen Gesetze der Natur
sind außer Kraft gesetzt:
Keine Lebensform muss mehr eine andere
zerstören,
um durch sie leben zu können.
Ein weiser König,
Stroh fressende Löwen,
Säuglinge mit Schlangen als Spielgefährten.

Großes Kino,
schon sechshundert Jahre vor Christus.
Weihnachtliche Lichterketten in den Straßen,
geschmückte Tannen,
Fensterbilder,
Posaunenklänge –
die Vorweihnachtszeit verlängert
den Kinogenuss einer verzauberten Welt
ins Jetzt hinein.

Spätestens nach dem zweiten Feiertag werden die
Lampen hochgedimmt.
Dann sitzen wir unter kaltem Neonlicht
in Büros und Werkstätten.
Unsere Wohnungen – kahlgefegt,
Weihnachtsglamour landet im Ascheneimer.
Dann wird die Welt aufgehört haben zu
träumen.

Wir werden wieder ins Kino gehen
oder uns vor den Fernseher setzen müssen,
um unsere Visionen zu nähren.
Traumtänzer weigern sich,
auf den Boden der Tatsachen zurückzukehren.
Sie suchen die große Liebe,
erhoffen eine bessere Welt,
sehnen Frieden herbei,
möchten vertrauen wie Kinder
allem und jedem.

Diesen schillernden Schmetterlingen
ist ein kurzes Leben beschieden.
Alltagsgrau übermalt ihre farbenfrohen Träume.
Kino birgt eine Versuchung in sich.
Ein ganzes Leben wird gestaucht auf zwei
Stunden.
Im Zuschauer wächst die Illusion,
auch in seinem Leben könnten
Visionen und Träume im Zeitraffer
binnen kurzem zur vollen Blüte gelangen.

Doppelt schwer wiegt die Enttäuschung,
wenn sie statt Erfüllung zu erfahren
wie Eintagsfliegen sterben,
die großen Träume.
Träume sind Schäume
wird ernüchtert resümiert
und das Träumen eingestellt.
Wie schade!
Über dem Schlussbild werden die Einzelszenen
vergessen.

Der erste Schritt zum Frieden
kann über einen Konflikt führen.
Nicht mehr zu allem Ja und Amen sagen.
Nicht mehr klein beigeben.
Nicht mehr um des lieben Friedens willen
alles so laufen lassen,
wie es läuft.

Der Konflikt kann ein erster Schritt zum Frieden
sein.
Der erste Schritt zur Liebe
kann eine Enttäuschung sein.
Der Geliebte liest einem nicht alle Wünsche
von den Augen ab.
Er ist ein interessanter, aber auch sperriger
Mensch.
Er zwingt den Partner zur Auseinandersetzung.
Enttäuschungen können
ein erster Schritt sein zur Liebe.

Das nächste Mal,
wenn Sie, im Tiefsten ergriffen,
das Kino nicht verlassen wollen,
bewahren Sie sich ihren Traum.
Gehen Sie in denselben Film ein zweites,
ein drittes Mal.
Richten Sie vor der traumhaften Schlussszene,
vor dem Happyend,
vor dem Sieg der Liebe,
vor der heldenhaften Tat,
richten Sie vor all dem ihre Aufmerksamkeit
auf die vielen kurzen Einzelszenen,
die den langen Weg beschreiben,
bevor ein Traum sich erfüllt.
Derselbe Film,
zwei-, dreimal geschaut,
enthüllt erst bei mehrmaligem Betrachten

seine Geheimnisse, seine Fülle,
den Weg zur Verwirklichung der Träume.
Jede Szene ist wichtig.

Übrigens,
das ist genau der Grund,
warum Sie ein Leben lang eingeladen werden,
in unserem liturgischen Theater
Sonntag um Sonntag,
sich das gleiche Stück anzuschauen:

Um feinfühlig zu werden
für die einzelnen Schritte,
die notwendig sind,
damit der Traum von einer besseren Welt
Wirklichkeit wird.

Das Fragment

Zu Jesaja 35,1–6b.10

Willkommen,
meine Damen und Herren,
in unserem Theater.
Es kommt heute zur Aufführung
ein selten gespieltes Werk.
Text: Worte Gottes, bearbeitet durch Jesaja.
Regie und Bühnenbild: Gott.
Ausführende: Blinde, Lahme, Taube und Arme.
Leider ist das Werk ein Fragment geblieben.
Nur der Schlussakt ist fertiggestellt.

Aber genug der Worte.
Ich wünsche Ihnen gute Unterhaltung.
Bühne frei.

Ein Staunen geht durch die Reihen.
Ah- und Oh-Rufe.
Tiefes Durchatmen.
Ein Meisterwerk der Bildnerkunst.
Die Bühne verwandelt in einen Paradiesgarten.
Blumenteppiche,
reicher Wald, Wasserquellen;
am Horizont
schemenhaft, unwirklich,
schimmert noch Wüstengestein und Ödland,

als seien sie von der üppigen Herrlichkeit
an die Peripherie gedrängt worden.

Achtung!
Die Schauspieler kommen.
Fürchtet euch nicht!
Seid stark!
Die Angstzeit ist vorbei.
Jubelt!
Jauchzt!
Man könnte eine Stecknadel fallen hören.
Endlich Worte, die treffen,
zu Herzen gehen.

Der Vorhang fällt.
Alle bleiben sitzen.
Atemlos, verstört.
Kein Applaus.

Endlich klatscht einer zaghaft in die Hände.
Zögernd ziehen andere nach.
Eine fantastische Vorstellung, gewiss.
Selten so gute Texte gehört.
Und erst das Bühnenbild ...
Aber die Zuschauer stehlen sich
mit einem Katergefühl aus dem Schauspiel.
Das Aufdrehen der elektrischen Beleuchtung
hat sie aus einem Traum gerissen,
aus einer Schau voller Harmonie,

einer besseren Welt.
Wie ein Fallbeil hat der Vorhang
die Bilder zukünftiger Zeit gekappt.
Zu abrupt war der Schnitt.
Wüste und Ödland,
auf der Bühne in den Hintergrund verbannt,
überschwemmen sturmflutartig
die Blumenbeete und Waldhaine.
Gegenwart kontra Zukunft.
Wirklichkeit lässt Theaterträume verblassen.

Es hat Ihnen gefallen,
meine Damen und Herren?
Fein.
Unser Autor hat beschlossen,
Ihnen eine Zugabe zu geben.
Bühne frei.

Enttäuschtes Seufzen.
Nichts ist übrig geblieben
vom prachtvollen Bühnenbild der Schlussszene.
Ein nackter, kahler Raum
ohne Kulisse,
ohne Farbe.
Pfiffe aus dem Zuschauerraum,
die ersten Buhrufe.

Meine Damen, meine Herren!
Beruhigen Sie sich!

Gleich geht's weiter.
Leider sind uns die Schauspieler ausgegangen,
und die Dekorateure haben auch schon frei.
Wäre vielleicht einer von Ihnen bereit
mitzuspielen?
Sie haben Interesse?
Nur Mut!
Fürchten Sie sich nicht.
Auch wenn Sie Pudding in den Knien haben
und Ihnen die Hände zittern.
Es ist ein gutes Stück.
Texthefte?
Nein ...
Lachen Sie mich bitte nicht aus,
aber unser Autor,
Sie wissen ja,
dieser Gott,
schreibt erst während des Spiels.

Es bedarf Ihrer Fantasie, Ihrer Spontaneität,
Ihres Einsatzes ...
Wie, Sie wollen gehen?
Sie trauen sich nicht?
Aber nein,
seien Sie stark, fassen Sie Mut!

ER ist ein guter Regisseur
mit viel Geduld;
und, im Vertrauen gesagt,

ER selbst spielt mit in seinem Stück.
Orientieren Sie sich am Schlussakt.
Alles weitere wird sich finden.
Wie viele Akte Sie durchhalten müssen?
Ich weiß nicht.
ER sagte nichts davon.
Fürchten Sie sich nicht!
Denken Sie an den Schluss.
Das Stück hat ein gutes Ende.
Werfen Sie ihre Angst über Bord.
ER spielt ja mit.
Vorhang auf!

Die Wüste blüht
Zu Jesaja 35,1–6b.10

Eisige Wüstennacht,
steif gefrorene Glieder.
Jeder Schritt eine Qual.
Helligkeit am Horizont.
Der mörderische rote Feuerball.
Des Nachts Frost,
des Tags Glut vom Himmel.
Geborstene Lippen,
Haut versengt,
entzündeter Rachen,
Mund voll Sand und Staub.
Stolpernde Füße nach Greisenart,
kohlenheißer Sand,
tief einsinkende Beine,
bleierne Müdigkeit.

Bangigkeit,
Angst,
Panik,
Irrsinn:
Wasser! Aber wo?

Trugbilder,
Oasenträume –
doch nur Sand.

Hirngespinste.
Schlangen,
Skorpione,
Tod aus dem Untergrund.

Jenseits der Wüste
Wasser,
Menschen,
Städte,
Leben.
Am Ziel
nur wenige.

Wüstenirrlichter, viele;
suchen, suchen,
finden nicht.
Andere liegen geblieben,
erloschene, ausgebrannte Augen,
tot.

Wüstennacht.
Kein Empfinden,
alles egal,
Erfrorene Blüten.
Anders sein und beschnitten werden,
nicht einzuordnen,
ohne Ort.
Gluthitze.
Gewissensbisse wie Brenneisen.

Gefühle wie Lava,
schweißtreibende seelische Last.

Die Bangigkeit:
Lieber Gott, bitte mach ...
Die Angst:
Mein Gott, mein Gott, warum ...
Die Panik:
Gott ist tot.
Der Irrsinn:
Besinnungsloses Laufen,
um den Verstand gebracht,
jede Hoffnung
heiße, flimmernde Wüstenluft.

Am Ziel,
am Wasser,
nur wenige.
Getränkt,
gesättigt,
zurück in die Hölle?

Alles noch mal von vorn?
Warum?
Warum nicht bleiben?
Warum nicht genießen?
Um der Wahnsinnigen willen,
die suchen, ohne zu finden.
Um der Toten willen,

die leben möchten.
Den Ausgemergelten,
Lebenshungrigen
erzählen:
Die Wüste blüht,
die Steppe jauchzt.
Starke Hände,
gefestigte Knie,
Heilung!
In der Wüste:
Seht da! Euer Gott!
Wer's glaubt, wird selig.

Engel anderen Kalibers

Zu Lukas 1,26–38

Ernst nimmt sie eigentlich keiner mehr,
diese kleinen, geflügelten Wesen
in ihren Rauschgoldmänteln,
mit ihren zarten, lieblichen Gesichtern.
Und dass es sie gar wirklich geben könnte,
das ist schier undenkbar.

Aber einmal im Jahr
feiern die Engel ein Fest der Auferstehung.
Zur Advents- und Weihnachtszeit
kramen wir diese verstaubten Relikte einer längst
vergangenen Frömmigkeit
wie selbstverständlich hervor.
Sie stehen auf Gabentischen,
hängen an unsichtbaren Fäden in Fenstern,
Engelhaar schmückt Tannenbäume,
in unzähligen Weihnachtskrippen haben sie einen
unangefochtenen Stammplatz.
Die einen singen,
die anderen musizieren auf Leiern, Trompeten,
Pauken und Orgeln
nach Leibeskräften.
Die stärksten unter ihnen,
die pausbäckigen Porzellanengel,
tragen schwere Kerzen.

Weihnachten –
eine Hoch-Zeit für Engel.
Das einzige Mal im Jahr,
wo sie selbstverständlich dazugehören
zu unserer Welt.
Sie ist dann wie verzaubert,
und die Engel sind Teil dieses Zaubers.
Verschwinden sie deshalb so schnell wieder
in den Schubladen,
weil ihr Zauber zu schwach ist?
Der Zauber einer weihnachtlich-heilen Welt –
wie schwer ist es,
ihn über den Heiligabend zu retten und
gegen den Alltag zu verteidigen!

Wie schwer ist es,
ihn überhaupt aufkommen zu lassen,
wenn heile Welt nur an Heiligabend ist,
perfekt inszeniert,
aber unecht.

Nein, wirklich –
diese zierlichen Engelchen,
diese zaghaften, süßlichen Boten von Harmonie
und Freude,
diese Art von Engeln wird es immer schwer
haben,
in unserer Welt Fuß zu fassen.
Ihr Zauber ist zu schwach.

Also, ab damit in den Karton
bis nächstes Jahr Weihnachten.

Damit aber ist erstens
diese Predigt noch nicht zu Ende
und zweitens
die Sache der Engel noch nicht erledigt.
Der Evangelist Lukas stellt uns heute
einen Engel anderen Kalibers vor.
Sein Name: Gabriel.

Ob er Flügel hat,
und welches Gewand er trägt,
ob ihn mehr männliche oder weibliche Züge
zeichnen,
und wie er aussieht –
über all das lässt uns Lukas in Unkenntnis.
Es interessiert ihn nicht.
Die Botschaft an Maria,
die Gott ihr durch Gabriel ausrichten lässt,
darauf kommt's ihm an.
Nun ist Maria nicht die Erste
und auch nicht die Letzte,
der Gott in der Vision eines Engels
eine besondere Botschaft hat zukommen
lassen.
Angefangen von Abraham bis hin zu den Aposteln
Petrus und Paulus
berichtet die Bibel von solchen Erscheinungen.

Engel haben also Erfahrung
in Botengängen für Gott.
So unterschiedlich auch die Inhalte dieser
Botschaften sind,
ein Satz gehört so gut wie immer dazu:
FÜRCHTE DICH NICHT!

Fürchte dich nicht!
Dies einmal auszusprechen reicht Lukas nicht.
Zuerst verkündet ein Engel dem Zacharias
die Geburt Johannes' des Täufers,
dann der Engel Gabriel bei Maria,
schließlich die Engel bei den Hirten:
Drei Engelvisionen,
und dreimal begrüßen sie die Adressaten ihrer
Botschaften:
Fürchte dich nicht.
Es ist so,
als ob Gott seinem Sohn
einen angstfreien Raum schaffen will,
in den er hineingeboren werden soll.
Wo Gott ist,
da haben Angst und Furcht kein Bleiberecht.

Das ist die Aufgabe der Engel:
Im Namen Gottes Angst zu tilgen.
Selbst unsere Rauschgoldengel,
billiger Abklatsch ihrer biblischen Vorbilder,
vermögen das noch in uns wachzurufen:

Die Ursehnsucht nach einer heilen, angstfreien
Welt.
Doch ihrem himmlischen Zauber
trauen wir nicht mehr,
die Tage der Engel sind gezählt,
nach Weihnachten läuft ihre Uhr ab.
Und wenn auch die Kirche bekennt:
Gabriel und all die anderen Engel –
sie sind Geschöpfe Gottes, es gibt sie –
so tun sich gewiss nicht wenige schwer
mit den Engeln.
Was also wird aus der Botschaft der Engel,
wenn die Engel selbst fragwürdig geworden sind?

Fürchte dich nicht –
diese Zusage hängt nicht an der Existenz der
Engel.
Gott selbst ist ihr Garant.
Davon zeugen auch die Namen der Engel.
Sie enden alle auf -el.
Das ist Hebräisch und heißt: Gott.

Gabriel – Der Starke Gottes
Michael – Wer ist wie Gott?
Rafael – Gott heilt
Uriel – Licht Gottes
Die Namen der Engel machen deutlich:
Hier geht's um Gott,
nicht um die Engel.

Fürchte dich nicht!
Gottes Botschaft am Tage vor Weihnachten.

Wer unterdrückt und in Angst und Schrecken
gehalten wird,
den befreit diese Botschaft,
nach Wegen und Möglichkeiten zu suchen,
die Herrschaft der Angst und Angstmacher
zu überwinden.
Wem vor sich selbst graut,
dem spricht sie Mut, Hilfe und Selbstvertrauen zu.
Wen Gott ängstigt,
dem sagt sie:
Gott ist ein Gott,
der der Furcht ein Ende setzt.
Schön und gut soweit.
Gott will also Furcht und Angst von uns nehmen.
Ist's aber nicht so,
dass dieses Vorhaben Gottes genau das gleiche
Schicksal ereilt,
wie unsere Rauschgoldengel?

Die Engel und Gottes Botschaft,
die sie verkünden – Fürchte dich nicht –
sie überleben das Weihnachtsfest nicht lange,
und dann geht alles so weiter wie gehabt.
Wir torkeln mit einer Katerstimmung
vom Rausch und Hochgefühl
der Weihnacht in den Alltag.

Es bleibt der fade Nachgeschmack:
Diese verzauberte Welt –
letztlich nichts anderes als eine
Drei-Tage-Illusion.

Zweifelsohne,
die Gefahr ist groß,
dass das so kommen wird.
Und es wird auch dieses Jahr Weihnachten
so kommen,
wenn Gottes Botschaft vom Ende der Furcht
keine Boten, keine Engel finden wird.
Boten,
die an sie glauben,
auf sie hoffen und vertrauen,
es vielleicht selbst schon erlebt haben,
die sie weitererzählen.

Wenn das
„Fürchte dich nicht"
– die Botschaft Gottes –
keine Boten mehr findet,
dann bleibt's zum Fürchten in dieser Welt.

Unser kleiner Rauschgoldengel –
vielleicht mag er doch noch zu etwas nützlich
sein:
Er kann uns an seine großen Brüder erinnern,
die wirklichen Engel,

an ihre froh machende Botschaft,
und dass diese Boten braucht.
Darum:
Fürchtet euch nicht!

Weihnachtszeit

Jeden Abend

Jeden Abend,
wenn der Erzengel Michael die Sonne löscht
und die kleinen Engel den Mond
und die Sterne polieren,
damit sie schön leuchten zu des Höchsten Ehre
in der Nacht –
an einem jeden Abend
setzt sich der Schöpfer des Himmels und der Erde
unter den hell strahlenden Polarstern,
um zu lesen.
Weniger fromme Zungen würden sagen,
der Allherrscher sei eine ausgesprochene Leseratte.
In alles, was er geschaffen hatte,
hatte er ein Wort hineingelegt.
Und da nichts, was er geschaffen hatte,
so blieb,
wie es einmal war,
veränderte sich das Wort.
Dem einen Wort gesellte sich bald ein zweites
und drittes dazu.
Bis aus den Wörtern eine Geschichte wurde.
Gott liest in den Steinen,
er schmökert in den Tieren,
am liebsten aber schlägt er einen Menschen auf.
Die Engel und die himmlischen Heerscharen
blicken dann von fern

auf die göttliche Majestät und sehen ihn
bald lachen, bald weinen;
mal steigt Zornesröte ihm ins Gesicht,
mal wird er blass um die Wangen
und verfällt in tiefes Grübeln.
Demletzt hatte Gott
einen Menschen auf dem Schoß liegen,
der einem dicken Roman glich.
Man merkte ihm an,
dass er sich durch die Seiten quälte,
so, als hätte er gehofft,
die Geschichte würde
eine andere Wendung genommen haben.
Nach der letzten Seite gähnte er herzhaft,
legte den fettleibigen Band beiseite
und nahm ein schmales Büchlein zur Hand.
Da war ein Mensch
zu einem Liebesgedicht geworden.
Und Gott tastete mit den Augen Wort um Wort ab,
wog jeden Buchstaben mit dem Herzen.
Der Geschmack eines reichen Lebens
lag ihm mit wenigen Worten auf der Zunge.
Seine Stirn kräuselte sich in leichter Skepsis,
wenn ein hilfreicher Engelsgeist
ihm einen Prachtfolianten reichte.
Oft kam es vor,
dass Gott sich
ein Vergrößerungsglas erbeten musste.
In mühsamer Kleinarbeit durchforstete er

hinter den ledergebundenen Buchdeckeln
hunderte leerer Seiten
und hatte Mühe,
das ursprüngliche Wort zu finden,
das er diesem Menschen eingepflanzt hatte.
Manche Lektüre nimmt ihn unsäglich mit.
Dann hört man ihn im Himmel
durch die Unendlichkeit schreiten,
ohne Rast und Ruh,
und hätte man nicht gewusst,
dass es Gott selbst ist,
der da einherstapft,
man hätte geschworen,
da habe einer geflucht und geschimpft,
nach der Art:
Hätte ich doch meinen Mund gehalten ...!
Meine dumme Sehnsucht nach Geschichten ...
und so weiter und so fort.
Es brauchte dann lange,
bis er akzeptieren konnte,
dass eines seiner Worte
ein böses Ende genommen hatte.
Wie auch immer so ein Leseabenteuer ausgeht,
jeden Abend kramt Gott
aus der weiten Fülle seines Gewandes
ein goldschimmerndes Pergament hervor,
nur ein einziges Blatt
mit einem einzigen Wort,
jenes, welches er zu Anfang gesprochen.

Ohne müde zu werden,
liest er es wieder und wieder.
Eine halbe Ewigkeit vermag er sich
in dieses Wort zu versenken.
Bevor er dann sich zur himmlischen Ruhe bettet,
ist Gott wieder versöhnt
mit seiner Sehnsucht nach Geschichten.
Und er freut sich auf den nächsten Abend,
wenn er wieder Zeit finden wird,
einen Menschen aufzuschlagen.
Welche Geschichten
würde er wohl morgen lesen dürfen?
Ob er ein Wort vom Anfang darin wieder fände?
Die ältesten Engel schütteln bedächtig den Kopf:
Dass ihr Erschaffer dieser Geschichten nicht schon
längst überdrüssig geworden ist ...
Und sie blicken einander sorgend an,
in stillem Einvernehmen,
dass in aller göttlichen Vollkommenheit
irgendetwas Menschliches stecken müsse,
bevor sie mit dem letzten Halleluja-Ruf
einen wärmenden Wolkenmantel
über ihren schlafenden Herrn breiten.

Ochs und Esel

Unter uns sind zwei,
die hier nicht hierher gehören.
Nicht Sie.
Sie können bleiben.
Das Kind,
Maria und Josef,
Engel, Hirten und Schafe,
drei Könige aus dem Morgenland –
die natürlich auch.
Aber was, in Gottes Namen,
suchen ein Maulesel und ein Rindvieh bei der
Krippe?
Man hätte dem Jesusknaben bessere Gesellschaft
gewünscht.
Ein störrisches, eigensinniges Grautier
und ein lahmer, trotteliger Ochse.
Wir Stadtkinder gaffen in den offenen Stall
und machen lauter Aahhhs und Oohhhs
und schmachten dahin vor idyllischer
Rührseligkeit.
Dabei werden wir,
ohne es zu merken,
von Ochs und Esel lächerlich gemacht.
Wir könnten die beiden Viecher auch
ausquartieren
und statt ihrer zwei Spiegel aufstellen.

Ja, tasten Sie ruhig an ihre Stirn,
ob sich nicht schon ein Horn gebildet hat.
Fassen Sie unter ihren Hut und befühlen Sie ihre
Ohren.
Schneller als man denkt,
werden aus den zierlichen Muscheln lange graue
Löffel.
Nein, ich nehme Sie nicht auf den Arm.
Ochs und Esel verdanken wir dem Propheten
Jesaja.
Was der gesagt hat,
steht in der Bibel, im Alten Testament.
Buch Jesaja, erstes Kapitel, Vers drei.
Zitat:
„Der Ochse kennt seinen Besitzer
und der Esel die Krippe seines Herrn;
Israel aber hat keine Erkenntnis,
mein Volk hat keine Einsicht."
Im Klartext:
Zwei wenig geachtete Arbeitstiere
sagen uns ausgewachsenen Zweibeinern:
Ihr seid so blöd,
wie wir es nie sein werden.
Bevor wir uns also „Ochs" oder „Esel" schimpfen
lassen müssen
und die beiden in der Krippe ihre Lefzen heben
und uns mit lauten Iahhh und Muhhh auslachen,
verweilen wir an der Krippe.
Was sehen Ochs und Esel,

was wir nicht sehen?
Vater-Mutter-Kind.
Liebe.
Das sehen,
das spüren
Ochs und Esel.
Sie sehen das auch?
Sie spüren das auch?
Glück gehabt.
Nur wie lange?
Heute ist Heilige Nacht.
Heute ist Ihnen warm ums Herz.
Heute lieben Sie die ganze Welt.
Und übermorgen.
Übermorgen wird die Welt wieder kompliziert.
Die Lichterketten sind nicht mehr da.
Die Stadt verliert ihren Zauber.
Die guten Vorsätze – vergessen.
Der Partner wird wieder zickig,
die Kinder kleine Quälgeister,
das Geld sitzt knapp,
das Arbeitsklima ist mies.
Die Feinde sind Feinde geblieben,
trotz Weihnachten,
die Menschen nicht besser geworden.
Schon im Januar kann man sie nicht mehr sehen,
Vater-Mutter-Kind.
Ab in die Kiste für's nächste Jahr.
Der Liebe geht die Puste aus.

Der Zauber der Weihnacht überlebt nicht den
zweiten Feiertag.
Erst wenn ein Herzkasperl unserem Rennen ein
Ende macht,
oder einer die Tür zuschmeißt und geht
und nicht wiederkommt,
und die Kinder von den Alten sprechen,
wenn sie ihre Eltern meinen,
weil die keine Zeit für sie hatten,
dann schreien sie nach Liebe
und Hätt'-ich-doch
und Wie-konnt'-ich-nur.
Und Ochs und Esel lachen in ihren Kartons.
Recht habt ihr,
das Leben ist kompliziert;
Recht habt ihr,
ihr habt keine Zeit;
Ja, ihr habt Recht,
ihr seid im Stress, ständig.
Zu guter Letzt werden wir Recht behalten,
Ochs und Esel,
die vielgeschmähten.
Wir bleiben bei
Vater-Mutter-Kind.
Wir sehen die Liebe.
Wir spüren die Liebe.
Das ganze Jahr.
Das Leben ist kompliziert,
das zum Überleben Notwendige einfach:

Vater-Mutter-Kind
Liebe.
Ich beantrage hiermit,
dass Ochs und Esel in unserer Pfarrei
das ganze Jahr über unter dem Altar
einen Ehrenplatz bekommen.

Gesucht: Weihnachten

Zu Johannes 1,1–18

Eine Frau,
ein Mann,
ein Kind,
ein Ochs,
ein Esel,
ein Futtertrog,
ein Stall,
macht unter'm Strich Weihnachten.

Oder:
Ein Tannenbaum,
Lametta, Kugeln,
Weihnachtsmann,
Jingle bells,
white christmas.
Dasselbe Ergebnis: Weihnachten.

Auch das ist Weihnachten:
Kaufhaus,
Posaunenquartett in der Fußgängerzone,
Dunkelheit, erhellt durch warmen Lichterglanz,
Glühwein,
Weihnachtsmarkt,
Nussknacker,
Würstchen mit Pommes.

Weihnachten gehört nicht exklusiv uns
Christen.
Jeder feiert sein Weihnachten.
Der kleinste gemeinsame Nenner:
Das Fest der Liebe und des Friedens.
Das kann jeder bejahen.

Wie immer Sie Weihnachten feiern,
die Abläufe ähneln sich.
Höhepunkt: Der Heilige Abend.
Christmette,
zu Hause festliche Musik,
üppiges Essen,
Bescherung.
Angenehmer Ausklang:
Erster Feiertag.
Spaziergang,
Besuch,
Kaffeetrinken,
Spielen mit und Ausprobieren der Geschenke.
Am Abend des zweiten Feiertages:
Die CD's mit den Weihnachtsliedern
– man mag's nicht mehr hören –
macht dem Radiosound Platz,
die Jugend vergnügt sich in der nächsten Disco,
noch ein netter Spielfilm.
Aus und vorbei.
Verdammt wenig,
was bleibt von der Heiligen Nacht.

Wer's handfester haben möchte:
Erstes Kapitel,
Johannesevangelium.
Was bleibt?
Fleisch.
Jesus, fleischgewordenes Wort Gottes.

Ihr habt sie ja nicht alle.
Was hat denn Gott mit unserem Fleisch zu tun?
Genauer:
Was hat Gott
mit unserem ganz stinknormalen Leben zu
schaffen?
Fleisch und Gott,
Vergängliches und Unsterbliches –
das geht nicht zusammen.
Weihnachten ist,
wenn das Unmögliche möglich wird.
In dem Haufen Knochen
mit Fleischüberzug und Haut,
mit Schuppen, Durchfall und Osteoporose,
in diesem bisschen Chemie – Gott.
Wohlgemerkt:
Nicht Gott, der große Uhrmachermeister,
der sein Werk aufzieht
und dann der Sache ihren Lauf lässt
und sich im Schaukelstuhl daneben setzt.
Alles, was war, was ist, was sein wird –
alles von Gott und in Gott.

Jetzt wäre die erste Chance,
süffisant lächelnd oder voller Bauchgrimmen
aufzustehen und die Kirche zu verlassen.
Denn das zu behaupten –
alles durch und in Gott –
ist entweder grenzenlose Naivität
oder boshafte Frechheit.
Der Welt sieht man es nicht unbedingt an,
dass sie von Gott wäre.

Sie bleiben?
Schön.
Ihr Risiko.

In dieser gottlosen Welt vor zweitausend Jahren
im hintersten Winkel des Römischen Reiches
ein Jude.
Viele seiner Landsleute hatten mit der Welt
abgeschlossen.
Sie hatten die Nase voll.
Alles in ihrem Leben ist schief gegangen.
Die letzte Hoffnung:
Gott wird diesem ganzen Schlamassel
ein Ende bereiten.
Die Guten in den Himmel,
die Bösen in die Hölle.
Ende Gelände.
Wir wollen ins Paradies.
Diese Welt ist nicht zu ertragen.

Mach endlich mit dem Murx Schluss, Gott.
Pustekuchen.
Sendet Gott doch diesen Juden,
der zu behaupten wagt,
diese Welt,
so wie sie ist,
ist Reich Gottes,
auf Deutsch: Gott ist da.

Da Sie es immer noch aushalten,
werden Sie jetzt die größte Kröte schlucken
müssen:
„Allen aber,
die Jesus aufnahmen,
gab er Macht,
Kinder Gottes zu werden,
allen,
die an seinen Namen glauben,
die nicht aus dem Blut,
nicht aus dem Willen des Fleisches,
nicht aus dem Willen des Mannes,
sondern aus Gott geboren sind."
Originalton Johannes.
Kurzfassung:
Wir sind göttlich.
Die göttliche Garbo,
nicht nur die,
alle.
Gehen Sie mit diesem Gedanken auf die Zeil.

Alle sind göttlich.

Solches Weihnachten ist etwas anderes
als holder Knabe im lockigen Haar
und butsibutsi Jesulein.
Alles durch und in Gott.
Ich selbst, jeder, alles göttlich.
Wenn einer sagt,
ihr habt ja einen Sprung in der Schüssel,
wer könnte es ihm verdenken?
Ein anderer hört's und sagt:
Schön, aber was geht's mich an?
Davon bekomme ich auch keine Arbeit und habe
nicht weniger Sorgen.

Recht hat er.
Aber manche können nicht leben,
wenn alles nur so ist,
wie es ist.
Sie sind voller Hunger nach einem Leben,
das sich von anderswoher speist
als von der sichtbaren Welt.
Diese Menschen müssen suchen.
Das sind nicht überkandidelte Heilige oder
beschauliche Mönche,
sondern Menschen am Fließband, in Büros,
Menschen hier.
Der Geburtstag dieses Juden vor zweitausend
Jahren

gibt dem Suchen von Menschen von heute
Auftrieb.
Denn es hält sich hartnäckig das Gerücht,
er habe gefunden,
wonach er suchte:
In allem – Gott.

Unerwartete Wendung
Zu Jesaja 52,7–10

Knüppeldick kam's.
Ein Schlag,
ein zweiter, ein dritter.
Da half kein Bitten und kein Betteln,
kein Fluchen und kein Beten.
Es ging unaufhaltsam bergab.
Die Talsohle war erreicht!?
Es konnte nicht schlimmer werden!?
Es wurde schlimmer.
Das musste die Hölle sein.
Es war die Hölle.
Den Blick gesenkt,
den Rücken gebeugt,
die Seele schwer.
Alle Hoffnung fahren gelassen.

Die Augenlieder zuckten nach oben.
Nein, unmöglich.
Die Muskeln streckten die verkrampften Glieder.
Nein …
Tränen liefen,
der Mund weit geöffnet vor ungläubigem Staunen.
Das kann doch nicht wahr sein …
Es war wahr.
Die Talfahrt gestoppt,

es ging bergauf.
Nach so langer Zeit.
Wer hätte das gedacht!
Es gibt also doch noch einen Gott.
Nach Jahrzehnten der Gefangenschaft
die Befreiung.
Der Befreier hatte einen Namen:
Kyros.
Seine Nationalität:
Perser.
Sein Glaube:
Ein Heide.
Seine Befreiungstat:
Sieg über die,
die die Israeliten besiegt hatten.
Seine Freudenbotschaft:
Ihr dürft nach Hause gehen,
nach Jerusalem.

Ihr,
die ihr auf Talfahrt seid in eurem Leben;
ihr,
die ihr in dunklen Löchern hockt;
ihr,
die ihr es aufgegeben habt
zu hoffen, zu glauben, zu lieben –
Ja, ihr!
Lasst euch nicht abspeisen mit
irgendwann,

vielleicht,
eventuell.
Ihr,
lasst euch nicht vertrösten auf das Paradies.
Das Volk Israel hatte es seinem Gott
nie so leicht gemacht.
Freude, nicht irgendwann, jetzt.
Befreiung, nicht am St. Nimmerleinstag, heute.
Hoffnung, für dieses Leben,
nicht erst im kommenden.

Unsere Frohe Botschaft
für die auf Talfahrt:
Konkret – ein Mensch.
Sein Name – Jesus.
Gott ließ es sich nie nehmen,
sich sichtbar, fühlbar, hörbar zu machen.
Wir sollten uns nicht mit weniger zufrieden geben.
Und Gott nimmt uns in die Pflicht,
auch nicht weniger zu geben denen,
für die kein Weihnachten wurde.
Gottes Frohe Botschaften kamen meistens
auf zwei Beinen daher.

Die Lügenpredigt

Ich werde Sie in dieser Predigt
nach Strich und Faden belügen.
Ich tue das ohne schlechtes Gewissen,
weil ich vermute,
dass Sie hierher gekommen sind,
um belogen zu werden.
Auch ich selbst bin froh,
in dieser festlichen Stunde nicht
die Wahrheit sagen zu müssen.
Wir sind hier zusammengekommen,
um uns in der Unwahrheit zu bestätigen,
dass Weihnachten das Fest der Liebe
und des Friedens sei.
Selbst solche,
die mit Kirche und Glauben nichts am Hut haben,
wären bereit,
diesen Satz zu unterschreiben.
Liebe und Friede –
der kleinste gemeinsame Nenner,
auf den man Weihnachten bringen kann.
Das gefühlsträchtige Zeichen dieser Lüge
sind unsere Krippen.
Wie ein Foto konservieren sie
den ergreifenden Moment,
wo ein Neugeborenes
in den Armen seiner Mutter liegt

und ein sorgender Vater in stillem Stolz
beide behütet.
Welches Herz bliebe von solchem Anblick
ungerührt.
Die geballte menschliche Sehnsucht
nach Geborgenheit und Liebe
hat in der weihnachtlichen Krippe
ihren Ausdruck gefunden.
Je liebesbedürftiger jemand ist,
desto anfälliger wird er sein
für die Weihnachtslüge vom Fest der Liebe.
Notlügen sind verzeihlich.
Also, jeder von uns spiele sein Spiel.

Sie wollen hören:
Alles wird gut.
Gott liebt jeden Menschen.
Und der Prediger fühlt sich eh
wie der Fisch im Wasser,
wenn er von der Liebe Gottes reden kann.
So erweist Weihnachten uns allen einen Dienst.

Dass es sich um eine Lüge handelt,
ist schnell erwiesen.
Das Fest der Liebe und des Friedens
entfaltet keine Wirkung.
Die Atmosphäre aus Dunkelheit, Kerzenschimmer,
Tannenbaum und Vater-Mutter-Kind erzeugt
eine trügerische Fata Morgana.

Momentane Herzerweiterung wird
mit Liebe verwechselt,
Ergriffenheit mit Friedfertigkeit.
Die Verfallszeit dieser Gemütsbewegungen
ist rasant.

Schon auf dem Nachhauseweg
lässt die Wirkung der Weihnachtsdroge nach.
Dies umso mehr,
als Weihnachtsmarkt und Schaufensterauslagen
die Gefühle schon seit Wochen
weihnachtlich strapaziert haben,
sodass zum eigentlichen Fest sich Überdruss an
ihnen einstellt.

Jede Wette:
Jeder, der stinkstiefelig hier reinkam,
wird es binnen einer Stunde nach Ende der Messe
wieder sein.
Jeder liebesbedürftige wird mit noch größerem
Hunger nach Liebe gehen.
Jeder bleibt,
was er ist.
Das Fest der Liebe macht niemanden liebens-
werter
oder liebesfähiger.
Das Fest des Friedens ist ein Waffenstillstand,
keine Befriedung.

Ungelogen:
Weihnachten ist ein Fest der Gewalt.
Wer's nicht glaubt,
lese Mt 10,34,
Originalton Jesu:

„Denkt nicht,
ich sei gekommen,
um Frieden auf die Erde zu bringen.
Ich bin nicht gekommen, Frieden zu bringen,
sondern das Schwert."

Nicht dass er
mit selbigem dreingeschlagen hätte,
nicht dass er
je jemandem etwas zu Leide getan hätte.
Das Schwert Jesu ist grausamer, tiefschneidender.
Es gleicht weniger der Waffe eines Kriegers
als dem Skalpell eines Chirurgen.
Es zwingt die Menschen zur Selbsterkenntnis.
Hinter frommer Miene legte Jesus die Fratze der
Gottlosigkeit offen.

Er hieb die Tarnkappe der Gerechtigkeit von den
Häuptern der Egoisten.
Die Feigenblätter der Ehre und des Anstandes riss
er denen vom Leib,
die anders handelten
als sie vorgaben.

Er war ein Freund der Armen, Kranken
und Ausgestoßenen, gewiss.
Doch auch ihnen ersparte er nicht das Schwert.
Die größten Sünder nahm er in Liebe an.
Damit sie seine Liebe annehmen konnten,
mussten sie erst den Schmerz kosten,
nicht liebenswert zu sein.

Die Kranken heilte er.
Um geheilt zu werden,
mussten sie erst zu den Ursachen ihrer Krankheit
in die verborgenen Kammern ihrer Seelen
hinabsteigen.
Manch einen ließ er geheilt
an Leib und Seele ziehen,
manch anderen rief er in seine Nachfolge:
auch kein Zuckerschlecken.
Das Schwert Jesu: Selbsterkenntnis.
Wer sich nicht erträgt,
greift zur Gewalt,
um ungesehen der bleiben zu können,
der er ist.
Vielleicht weniger aus Bosheit,
denn aus Angst vor dem Schmerz
und der Enttäuschung,
wenn das Selbstbild zerbricht,
oder aus Angst,
sich ein Bild von sich selbst brechen zu lassen,
auch wenn man

unter dem Vorurteil dieses Bildes leidet.
Wer werde ich sein,
wenn ich nicht mehr der bin,
für den ich mich halte,
für den ich gehalten werde,
für den ich gehalten werden möchte?
Wer werde ich sein?

Das von uns,
was wir der Kenntnis anderer
und unserer selbst entziehen,
scheint von monströser Gewalt in uns zu toben.
Lieber verbergen, vergessen, verdrängen,
verleugnen,
als zu erkennen.
Dieses alte Spiel hat der Mann aus Nazaret
niemandem durchgehen lassen.
Allen tat er Gewalt an,
insofern er alle zwang,
sich selbst zu erkennen.
Er hat's mit dem Leben bezahlt.
Kein Weihnachtsfriede,
– Schwert.
Krippe, Kerzen, Baum und Weihrauch,
Mette und „Oh du fröhliche" –
nichts von all dem möchte ich missen.
Aber statt des Jesusknaben sollte
ein Spiegel in der Krippe liegen,
damit wir,

bevor wir in Liebe und Friede schwelgen,
uns vom Schwert Jesu schlagen ließen
und wir bereit wären zu erkennen,
wer wir sind;
damit wir uns der Nagelprobe unterzögen,
ob wir uns lieben lassen können,
so wie wir sind.
Ohne dass uns der holde Knabe im lockigen Haar
Gewalt angetan hat,
ohne das wird Weihnachten bleiben,
was es ist:
eine fromme Lüge.
Ohne dass uns das Schwert der Selbsterkenntnis
verletzt hat,
werden wir bleiben,
wer wir sind,
hungrig nach Liebe
um die Liebe Betrogene.

Herr X war schwanger

Die medizinische Fachwelt stand Kopf.
Herr X war schwanger.
Müdigkeit,
Übelkeitsanwallungen mit heftigem Erbrechen,
so fing es an.
Magenspiegelung,
Blutuntersuchungen,
nichts kam dabei heraus.

Als sich die Bauchdecke von Herrn X
auffällig zu wölben begann,
so auffällig,
dass man die Schwellung nicht mehr
mit den vielen Betthupferlbieren
zu erklären vermochte,
schickte ihn sein Hausarzt zum Ultraschall.

Ein zweites Herz in seinem Leib,
winzige Gliedmaßen,
ein Embryo im Bauch eines Mannes.
Seit dieser Entdeckung
schleifte man Herrn X
von einem Medizinerkongress zum nächsten.
Eine Reportermeute hechelte vor seiner Haustür.
Pressekonferenz:
Wie er denn dazu gekommen sei?

Mit einem harten Lächeln
pflegte Herr X zu antworten:
Wie die Jungfrau zum Kind.

Seit zwei Wochen lag Herr X im Krankenhaus.
Komplikationen, Schieflage,
sein Körper sei eben nicht
zum Gebären geschaffen.

Herrn X kratzte es nicht.
Als achtes Weltwunder hatte man ihn gefeiert.
Er war des Rummels müde.
Die letzten vierzehn Tage hatte er die Stille seines
Einzelzimmers genossen,
um mit sich ins Reine zu kommen.
Es musste vor neun Monaten geschehen sein.
Im Nachsinnen kam die Erinnerung:

Er saß im Büro, wie immer;
wie immer arbeitete er,
Pläuschchen mit den Kollegen,
Besprechung beim Chef,
Akten, Telefonate,
ein hastig heruntergestürzter Kaffee,
alles wie immer.

Aus heiterem Himmel wuchs in ihm eine Frage:
Was machst du hier eigentlich?
Die Frage wuchs schon lange.

Mit Arbeit hatte er sie niedergeprügelt.
Diesmal blieb die Frage und mit ihr die Leere;
er schüttelte sich wie ein begossener Pudel,
sie haftete ihm im Fell wie Kaugummi.

Auf einmal spürte er
die jahrelange Müdigkeit in den Knochen,
selbst Dinge, die ihm leicht von der Hand gingen,
musste er sich mühsam aus den Rippen schneiden.

Im Innern erbrach sich seine Seele.
Die jahrelange Unachtsamkeit gegen sich
selbst –
zum Kotzen.
Als seine Eingeweide durch etwas Fremdes
nach außen gedrückt wurden,
wurde er gewahr,
dass Neues entstand.
Die nicht mehr zu verbergende Schwangerschaft
veränderte ihn.
Das anfängliche Entsetzen
wich gespannter Freude.
Viel Sorgfalt ließ er sich angedeihen
und genoss den Aufstand,
den alle Welt um seinen Bauch machte.

In Anbetracht des Fehlens
jedes natürlichen Ausgangskanals
entschlossen sich die Gynäkologen

zu einem Kaiserschnitt.
Am Morgen der Operation
fanden sie Herrn X
mit straff gespannter Bauchmuskulatur
schlafend im Bett.

Keine Spur mehr von Schwangerschaft.
In hellem Entsetzen,
um ihr Wunder betrogen,
klopften sie ihn ab, durchleuchteten ihn,
stellten ihn auf den Kopf
und horchten mit Stethoskop und Schall
in ihn hinein,
auf der Suche nach dem verlorenen Kind.
Da sie ganz auf seinen Bauch konzentriert
waren,
entgingen ihnen die Veränderungen an Herrn X.
Bevor die Weltpresse über sie herfallen
und sie als Scharlatane bezichtigen würde,
scheuchten sie ihn
durch den Hinterausgang des Krankenhauses.
Was ihnen entgangen
und nur Herrn X bewusst war:
Er war Mutter geworden.
Sich selbst hatte er in jener Nacht geboren.
Er war Mensch geworden.

Er erinnerte sich der Frau aus Nazaret
und ihrer mysteriösen Schwangerschaft.

Auf dem Heimweg kratzte er
aus dem verschollenen Wissen seiner
Kindheitstage
ein „Gegrüßet seist du, Maria" zusammen.

Das Kind in sich umarmen

Ein gestandener Autoschlosser,
neununddreißig Jahre, verheiratet,
zwei Kinder.
Ein Kraftpaket, Respekt einflößend.
Doch wenn sein Chef ihn 'runterputzt,
weil er den Terminplan für eine Inspektion
nicht einhalten konnte,
da ist ihm,
als wäre er gerade mal fünfzehn
und stände mit geballten Fäusten in der Tasche
vor seinem Lehrer,
der ihn vor der ganzen Klasse zur Sau machte,
weil die Englisch-Vokabeln sich weigerten,
in seinem Kopf zu bleiben.
Schnell vergessen ist das,
wenn des Abends die Kinder wie die Kletten
an ihm hängen
und er mit ihnen herumtollt
und sich insgeheim wünscht,
ihnen ein gleichaltriger Spielkamerad zu sein,
mit sieben oder zehn Jahren auf dem Buckel
statt seiner neununddreißig.
Seine Frau setzt dann
ihren leicht spöttelnden Blick auf.
Er kann ihre Gedanken den Augen ablesen:
Das Kind im Manne, denkt sie,

und er denkt,
wenn sie wüsste,
wie Recht sie hat,
wie gerne er Kind wäre in einer Oase
von Wärme und Geborgenheit.
Alle paar Monate
hat ihn seine Mutter so weit bearbeitet,
dass er sich aufrafft
und mit ihr auf den Friedhof geht,
Vaters Grab zu richten.
Sind die Blumen gepflanzt,
das Unkraut gejätet,
der letzte Handgriff getan,
dann stehen sie beide schweigend davor.
Immer dann überfällt ihn
diese namenlose Traurigkeit,
diese Leere im Kopf,
ein leichtes Würgen in der Kehle
und ein Ziehen im Herzen,
weil sein Vater ihm so viel schuldig geblieben war
und sie sich Fremde waren bis zuletzt.
Manchmal erwischt er eine Träne
mit dem Handrücken,
die sich heimlich aus einem Auge stahl,
wie damals,
zwölf war er,
als sie ihn beerdigten.
Froh ist er um seine Frau.
Streit gibt es selten.

Es tut gut,
abends neben ihr zu liegen
und den Kopf an ihren Leib zu bergen.
Hier ist der einzig geschützte Raum,
wo er unbemerkt Kind sein kann.

Ein Mensch mag noch so alt sein,
oft wird er Kind.
In der Sehnsucht nach Liebe,
in trotziger Selbstverweigerung.
Manche Ängste des Erwachsenen
fühlen sich noch immer so an
wie Kinderangst vor dunklen Kellern.
Auch ist es kein Zufall,
kehren einsame alte Menschen
ihre Sinne nach innen
und flüchten mit ihrer Erinnerung
in die Kinderzeit,
wo Eltern und Geschwister da waren
und Trost spendeten,
wenn böse Träume
aus Nachtruhe aufschreckten.

Erwachsene lieben Kinder
und fürchten das Kind in sich.
Es begehrt auf,
wo Anpassung gefordert ist.
Es weint,
wo hart durchgegriffen werden soll.

Es will vertrauen,
wo Misstrauen der beste Selbstschutz wäre.
Ein Erwachsener zeigt nicht,
dass er in noch vielem Kind ist.
Er verbirgt die pubertäre Akne.
Der Körper ist gewachsen,
die Seele konnte nicht Schritt halten.

Ob es deshalb so einfach war,
uns um Weihnachten zu betrügen?
Weihnachten haben wir den Kindern überlassen.
Ihnen erzählen wir noch das Märchen aus
Tausendundeiner Nacht
von dem Jesuskind,
den Engeln und Hirten und Schafen,
von Ochs und Esel,
ihnen legt noch das geflügelte Christkind
die Geschenke unter den Baum.
Dem Kind des Erwachsenen hingegen
wird der Schnuller
der kommerziellen Weihnachtssentimentalität
in den Mund geschoben
und so zum Schweigen gebracht.
Die ausgebreiteten Arme
wollen einen Menschen umarmen,
stattdessen erhält es üppige Geschenke
in die Hände gedrückt.
Die Heilige Familie gastiert
als nostalgische Dekoration

unter Tannenbäumen,
dabei könnte sie in dem erwachsenen Kind
die Sehnsucht nach Liebe wecken.

Als der Jesusknabe erwachsen wurde,
stellte er den Erwachsenen ein Kind in die Mitte
und sagte,
dass all ihre Sehnsüchte nach Liebe,
Frieden und Gerechtigkeit
– er nannte es „Himmelreich" –
sich erst dann erfüllten,
wenn sie, die Erwachsenen,
so würden wie die Kinder.
Eines von vielen seiner Worte,
die niemals richtig ernst genommen wurden,
weil schon damals die Großen ihr Kind verbargen,
um nicht in den Augen der anderen Großen
klein zu scheinen.

Weihnachten ist ein Fest für Erwachsene.
Statt des Jesuskindes
sollte man einen Spiegel in die Krippe legen,
dass jeder sich sieht
und das Kind in sich herzlich umarmt,
statt es mit billigem Festtagsschmus
auf ein Übermorgen zu vertrösten,
das es nie geben wird.
Wer die Botschaft des Säuglings in der Krippe
nicht versteht,

der lasse sich jenes Wort des erwachsenen Jesus
ins Herz fahren:
„Die Jünger kamen zu Jesus und fragten:
Wer ist im Himmelreich der Größte?
Da rief er ein Kind herbei,
stellte es in ihre Mitte und sagte:
Amen, das sage ich euch:
Wenn ihr nicht umkehrt und wie die Kinder
werdet,
könnt ihr nicht in das Himmelreich kommen.
Wer so klein sein kann wie dieses Kind,
der ist im Himmelreich der Größte.
Und wer ein solches Kind um meinetwillen
aufnimmt,
der nimmt mich auf." (Mt 18,1-5)
Die Botschaft von Weihnachten.
Darum sollten wir uns nicht betrügen lassen,
schließlich geht es um Menschwerdung,
um unser Leben.

Für Josef

Josef huscht wie ein Schatten
über die Bühne während des ersten Aktes
des Lebens Jesu.
Zu schnell verschwand er hinter dem Vorhang,
als dass wir sein Gesicht hätten studieren können,
einen flüchtigen Eindruck seiner Person
konnten wir nicht erhaschen.
Der Evangelist Markus weiß nichts von ihm,
Lukas billigt ihm als einzige Tätigkeit zu,
er sei gen Betlehem gegangen,
um sich mit Maria eintragen zu lassen.
Beiläufig fällt sein Name sonst:
Maria, die Verlobte Josefs,
von den drei Magiern lässt er sich
bei der Krippe finden,
doch deren Interesse gilt dem Kind.
Und Johannes nennt ihn nur zweimal:
Leute, die sich Jesu als Josefs Sohn erinnern.
Allein Matthäus gibt sich nicht gar so kärglich.
Des öfteren träumt dem Josef,
gleich seinem berühmten Namensvetter
im Buche Genesis,
das ihm und seinen Träumen einige Kapitel
widmet.
Doch Matthäus belässt es bei wenigen Versen.
Ein Engel gibt ihm Befehl,

auf dass er das Rechte tue
zum Schutz des Kindes.
Und Josef tut,
wie ihm geheißen.
Gerecht und gehorsam war er.
Weder seines weiteren Lebens
noch seines Hinscheidens
gedenken die Evangelisten.
Für Jesu Weg war bedeutsam,
dass Josef das Wenige tat,
was von ihm berichtet wurde.
Doch die kurzen Verse geben im Leben Josefs
eine Reihe langer Jahre wieder.
So mag man über Josef sagen,
er habe das Seinige zur rechten Zeit getan,
treu und zuverlässig.
Darin mag er uns Vorbild und Fürsprecher sein,
dass über lange Spannen auch unseres Lebens
nichts Ergreifendes geschehen mag,
und wir dennoch Tag um Tag
uns des Alltäglichen entledigen müssen.
Das Rechte tun zur rechten Zeit.
Die unerwartete Schwangerschaft Mariens,
die Pflicht, Betlehem aufzusuchen,
die Flucht ins Ägypterland
und die Suche nach dem Zwölfjährigen
im Gewirr der Jerusalemer Gassen –
und dazwischen die meiste Zeit
des Tages Geschäft besorgen.

Eine kleine Rolle hatte ihm Gott zugedacht
im Drama der Heilsgeschichte.
Doch steht der heilige Josef gerade
bei den so genannten „Kleinen Leuten"
in hohem Ansehen,
weil sie wissen,
ohne dass die vielen Unbekannten
das ihrige tun, treu und verlässlich,
fehlte denen,
denen Großes zu tun bestimmt ist,
der Raum, um ihre Größe entfalten zu können.

Was wäre, wenn?

Was wäre,
wenn in der Heil'gen Nacht kein Stern geleuchtet,
die englischen Heerscharen ausgeblieben,
statt dreier adliger Weisen gemeines Volk
die Krippe umstanden
und auch sonst der Himmel recht wenig Aufhebens
gemacht hätte um das göttliche Kind.
Was wäre,
hätte alles seinen gewohnten Gang genommen
in dieser Nacht,
wie es zu sein pflegt bei Menschen niedriger Herkunft;
kein Idyll mit „Gloria in excelsis Deo",
eine Geburt unter tausenden in dieser Nacht?
Weder Gold, noch Weihrauch, noch Myrrhe,
statt ihrer Ziegenmilch,
beschmutzte Windeln und Säuglingsgeschrei.
Denn wäre von oben
derart heftig das Gewohnte durchbrochen worden,
warum fiel dies außergewöhnliche Kind
über dreißig Jahre
der Vergessenheit anheim,
bis es sich als Erwachsener
durch ungehörige Reden einen Namen machte?

Nicht retten hätte es sich können
vor dem Blitzlichtgewitter der Photographen.
Maria und Josef wären
von einem Interview zum anderen gezerrt worden,
und die judäische Regenbogenpresse
wäre ihm auf den Fersen geblieben,
Wunder witternd.
Vor des Herodes Zorn
hätten ihn Bodyguards abgeschirmt,
spätestens aber
nach dem Geniestreich des Zwölfjährigen
in der Jerusalemer Synagoge
hätten sich die theologischen Fakultäten
alle Finger nach dem Wunderkind geleckt.
Nichts von all dem geschah.
Nach furiosem Crescendo in der Ouvertüre
dahinplätscherndes Pianissimo über Jahre,
mit heftigem Paukenschlag jäh abbrechend.

Was wäre,
wenn der Retter und Erlöser sich in nichts
von uns unterschieden hätte
am Tag seiner Geburt?
Es wäre nichts.
Wir schöben den Gedanken beiseite.
Auch wenn wir nichts geben auf
Jungfrauengeburt und Engelwesen,
es ginge uns doch schwer an,
auf einen süßen Traum zu verzichten,

dass einst sich,
gleich wie im Märchen,
in einem Kind Himmel und Erde berührten.
Als veredele das Jesusknäblein unser Dahinleben
mit einer süßen Ahnung von Größe,
die wir nie erreichten, aber immer erträumten:
Dass Gott sich, Abrakadabra, in voller Größe
vor uns aufbaue,
wir uns ihm in die Arme würfen
und auf alle Zeit unangefochten den Sinn des
Lebens
unser unverlierbares Eigen nennten.
Theatralische Allüren hegte Gott nicht,
Mensch wurde er, nicht Supermann,
Mensch, gewöhnlich, unscheinbar,
so gewöhnlich,
dass dreißig Jahre lang kein Hahn nach ihm krähte.

Im Jordan begoss Johannes der Täufer
die verschlossene Blüte
des menschgewordenen Gottes.
Aus disteliger Zimmermannsstaude
wuchsen königliche Rosen.
Aus gewohnt-Gewöhnlichem keimte Göttliches.
Und die Leute gafften und zeterten,
woher er das wohl habe
und warum er nicht so sei,
wie sie sind.

Gott wurde Mensch
und unterschrieb damit eigenhändig sein
Todesurteil.
Die einen huben Steine zum Wurf,
denn sie duldeten nur
das Menschsein der Oberen Zehntausend.
Die anderen gefielen sich als religiöse Elite,
auf Du und Du mit Gott höchstpersönlich;
im Spiegel Jesu sahen sie sich als getünchte
Gräber.
Freilich, es gab die,
die sich in ihm zum ersten Mal so sahen,
wie Gott sie gewollt hatte,
als sein Ebenbild.

Was wäre,
wenn in der Heil'gen Nacht kein Stern geleuchtet,
die englischen Heerscharen ausgeblieben,
statt dreier adliger Weisen gemeines Volk
die Krippe umstanden
und auch sonst der Himmel recht wenig Aufhebens
gemacht hätte um das göttliche Kind?
Gott sei Dank.
Denn hätte Gott den Erlöser der Welt
mit Pauken und Trompeten
auf Himmelswolken eingeflogen,
feierten wir heute einen unberührbaren Kinderstar,
dessen Talente wir bejubelten
und dessen Göttlichkeit wir ungläubig bestaunten.

Weil Gott sich aber in seiner Menschwerdung
durch nichts sich von uns unterschied,
sind wir nicht nur proletarische Zaungäste,
sondern mit hineingenommen in jene Wandlung,
in der Gott Gewöhnliches vergöttlicht.

Weihnachten fällt leider aus!

Verehrtes Publikum,
die Intendanz dieses Theaters
sieht sich gezwungen,
Ihnen durch mich mitteilen zu lassen,
dass das diesjährige Weihnachtsfest ausfällt.

Wir sind dabei Opfer höherer Umstände geworden.
Aus uns unerklärlichen Gründen blieben
gestern Nacht –
ausgerechnet beim
zweitausendjährigen Jubiläum dieser
Veranstaltung –
die Tore des Himmels verschlossen.

Statt dass, wie üblich, himmlische Heerscharen
zur Erde herniederstiegen,
tröpfelte es lediglich Bindfäden
aus trüben Wolkenmassen.
Den ausbleibenden Engeln ist es anzulasten,
dass auch die Hirten
bei ihren Schafen geblieben sind,
umstrahlte sie doch kein Glanz aus der Höhe,
der ihre Neugierde beflügelt
und sie zum Aufbruch genötigt hätte.
Ein Unglück zieht das andere nach:
Heute Morgen sagten uns

die Heiligen Drei Könige ab.
Aus Versehen seien sie dem falschen Stern gefolgt.
Ein Elend sei dies mit all den Satelliten
und Positionslichtern der Flugzeuge.
Wie könne man deren Lichtschweif unterscheiden
vom wahren Licht des wahren Sterns,
der sie bisher so sicher geführt?

Den endgültigen Entschluss,
unser beliebtes Schauspiel abzusagen,
nötigte uns das Fernbleiben der Heiligen Familie ab.
Sah man Maria und Josef
gestern noch in der Stadt auf der Suche
nach einer Herberge,
– ganz so, wie es den Anweisungen
unseres Stückes entspricht –
heute sind sie wie vom Erdboden verschlungen.

So stehe ich am Fest der Feste
mit leeren Händen vor Ihnen.
Selbst ob das göttliche Kind geboren wurde,
entzieht sich unserer Kenntnis.
Um Sie über diese herbe Enttäuschung
hinwegzutrösten,
haben wir keine Kosten und Mühen gescheut,
Ihnen mit hölzernen Figuren
wenigstens die wichtigste Szene nachzustellen.

Seien Sie versichert,
wir haben alles in unserer Macht Stehende getan,
Weihnachten zu retten.
Dabei sind wir auf einen Ausweg verfallen,
den wir aber zugleich wieder verworfen haben.
Es wäre für Sie, liebes Publikum,
eine arge Zumutung.

Schließlich sind Sie hierher gekommen,
um zu schauen und nicht um zu spielen.
Ja, zu spielen.
Es wäre die einzige Möglichkeit,
dass dieses Jahr Weihnachten
wirklich Weihnachten würde,
wenn ein paar von Ihnen bereit wären,
unsere Schauspieler zu ersetzen.

Schwer ist es nicht.
Sie alle kennen den Text,
die Handlung ist Ihnen vertraut.
Ich schaue Sie an und lese Ihre Gedanken:

Kinderkram, denken Sie.
Ja, ist denn der verrückt geworden.
Das haben Sie gerade gedacht!
Doch Weihnachten ist Weihnachten.
Es muss ein Spiel geben.

Die einfachste Rolle:
Schaf sein.
Sich nicht drum kümmern,
was da im Stall passiert.

Aber zu spüren:
Man ist nicht allein.
Wer sich fürchtet in dunkler Nacht,
tritt näher zum fahlen Licht,
das aus dem Stall schimmert,
wärmt sich am Feuer.
Atmosphäre spüren.
Ängste fallen lassen.
Frieden atmen.
Sehnsüchtig sein.
Sehen Sie,
wie leicht das ist?
Für die Rolle eines Schafes taugt jeder,
und sie ist beileibe nicht die schlechteste.
Hirt sein – möchten Sie nicht vielleicht:
In einer komplexen, komplizierten Welt
noch staunen können?
In allem Erklärten noch Unerklärliches,
Engel, sehen?
Im Zeitalter grenzenloser Kommunikation
durch technische Geräte
sich an wirklicher menschlicher Begegnung
freuen?
Viel wissen, vieles haben,

noch mehr erreichen wollen –
und dennoch teilen können,
sich ein einfaches Herz bewahrt haben?
Hirt sein.

Der Josef wäre noch zu besetzen.
Erzählen Sie mir nicht,
dass hier kein Josef säße:
einer der gelernt hat,
dass eine schwangere Frau
keine Sünderin sein muss,
dass das Leben sehr oft andere Bahnen einschlägt,
als die vorausberechneten.
Josef hat gelernt zu lernen.
Er hat seine Überzeugungen.
Weil er die Menschen gern hat,
werden ihm aus seinen Überzeugungen
keine Vorurteile.

Alle Marias, bitte mal aufstehen!
Wer Maria ist?
Ein Mensch mit einem Vertrauen,
das nicht totzukriegen,
mit einer Hoffnung, die gebrochen,
aber lebendig ist.
Ein Mensch mit Liebe,
die trotz herber Enttäuschung
nicht erloschen ist.
Maria.

Der Glanz der Kronen,
die Pracht der Gewänder,
die Kostbarkeit der Geschenke
verlockt, einer der Könige sein zu wollen.
Doch Vorsicht.
Wer König sein will in unserem Spiel,
wird Zeit seines Lebens Suchender sein,
ohne Garantie, finden zu werden.
Eine Ruhelosigkeit wird ihn umtreiben,
ein Gedanke ihn anstacheln,
ein Gefühl ihn verzehren,
eine Vision ihn beflügeln.
Er wird suchen, auch dann,
wenn ihm verborgen ist,
wonach er sucht.
Wer jetzt noch König werden will,
melde sich bitte.

König Herodes, der Kindermörder,
eine undankbare Rolle.
Und doch gehört sie in unser Spiel.
Jeder spielt sie einmal in seinem Leben.
Darum keine Scheu!
Wer sich wie Herodes fühlt im Augenblick,
der spiele ihn auch:
Ein Mensch, gehetzt von der Angst,
geängstigt durch Misstrauen,
zerfressen von Neid,
zu stolz, um sich lieben zu lassen.

Ums Leben betrogen und deshalb verbittert, unzufrieden,
mit Groll im Herzen und Wut im Bauch.
Zu guter Letzt:
Wer legt sich in die Krippe?
Wer spielt den Jesusknaben?
Keiner?
Wie schade.
Keiner,
der die Wunden seines Lebens
durch Liebe ausheilen lassen will?
Keiner,
der sich, obwohl erwachsen,
hilflos fühlt wie ein Kind?
Keiner,
der nach schweren Zeiten neu geboren wurde?
Wir brächten unser Spiel zusammen.

Weihnachten wird nur,
wenn Sie mitspielen.
Also:

Bühne frei!

Das Frankfurter Weihnachtswunder
Zu Lukas 2,16–21

Sie konnte sich keinen Reim darauf machen.
Ganz einfache Leute waren sie,
auf der Durchreise,
als plötzlich die Wehen einsetzten.
Das erstbeste Krankenhaus steuerten sie an.
Sie kannten niemand in Frankfurt
und niemand kannte sie.
Die Geburt verlief unkompliziert,
von einem gesunden Jungen wurde sie entbunden.
Und dann standen sie im Zimmer.
Gott weiß,
wie sie an der Stationsschwester
sich vorbeigeschlichen haben mochten:
Punks aus der Taunusanlage,
Penner von der Zeil,
Gesindel aus der Rotlichtmeile.
Nur einen Blick auf das Kind werfen wollten sie,
bevor man sie hinauswürfe.
Der säuerliche Geruch abgetragener Kleider
und ungewaschener Haut
stand noch im Raum,
als Bodyguards alle Ein- und Ausgänge besetzten.
Ihr fielen fast die Augen aus dem Kopf.
Der Bundespräsident mit Gattin
machte seine Aufwartung,

nein, nichts Besonderes, nur das Kind,
das hätten sie gern gesehen.
Nach ihnen wehte eine violette Soutane an ihr
Bett.
Der hiesige Bischof.
Er komme zwar zu spät zur Christmette in den
Dom,
aber das habe er sich nicht nehmen lassen wollen,
persönlich vorbeizuschauen,
des Kindes wegen.
Aber was ist denn mit dem Kind,
lag es ihr auf der Zunge,
doch dem hohen Herrn reichte die Zeit nicht
für eine Antwort.
Als die Krankenschwester ihr ein Glückwunsch-
telegramm
der Oberbürgermeisterin hereinreichte,
verschlug es ihr endgültig den Atem.
Sie blickte auf ihr Kind
und konnte sich keinen Reim drauf machen,
dass dieser Winzling all des Aufhebens wert sei,
das man um ihn machte.
Das Ungereimte hatte sie schnell vergessen.
Schuster,
bleib bei deinen Leisten,
pflegte sie zu sagen.
Keiner aus der Familie
hatte je nach Höherem gestrebt,
noch Höheres erhalten.

Der Vater Handwerker,
so auch der Sohn.
Darin liegt Segen,
so dachte sie.
Keine Spur von Wunder mehr, Gott sei Dank.
Erst als ihr Sprössling dreißig wurde
und noch immer
keine Frau nach Hause gebracht hatte
und plötzlich meinte,
er spüre da etwas, tief in sich,
darüber müsse er Klarheit haben,
nichts für ungut,
aber er brauche eine Auszeit,
um sein Leben zu überdenken,
da würgte sie das Ungereimte von einst.
Wochenlang sah und hörte man nichts von ihm.
Als er zurückkam,
um zu sagen,
dass er nicht zurückkäme ins gewohnte Gleis,
da ahnte sie,
dass der Ungereimtheiten noch mehr würden
und sie begann sich zu fürchten
vor ihrem eigen Fleisch und Blut,
in dem etwas Fremdes wohnte.
Er, der Sohn kleiner Leute,
reizte die Politiker aller Lager
und weckte den Neid der Geistlichkeit,
als deren Kirchen sich leerten
und Hunderte sich unter freiem Himmel,

durchgefroren, um ihn scharten,
um zu hören von ihm
von einer besseren und gerechteren Welt;
dass sie geliebt seien
und der Weg zu Gott
über den Nächsten in Liebe führe.
Ganz den Boden unter den Füßen zog es ihr weg,
als die Polizei eines Tages schellte.
Ja, eine traurige Nachricht,
von gedungenen Schlägern sei er
auf offener Straße ermordet worden,
grausam zusammengeschlagen.
Kein Passant habe einen Finger gerührt,
sicher aus Angst,
das müsse sie verstehen,
aber auch, wie sie wisse,
zum Schluss habe ihr Sohn wenig Freunde
in der Stadt gehabt.
Das setzte all dem Ungereimten die Krone auf.
Als sie den Sarg in ein dunkles Loch hinabließen,
war es ihr,
als würde sie mit begraben.
Drei Jahre sah und hörte man nichts von ihr.
Eine halbe Ewigkeit kaute sie
an all den Rätseln des Lebens,
gab sich Antworten,
welchen Sinn
sein Leben und Sterben gehabt haben könnte,
gab sich Antworten, verwarf sie wieder

und konnte sich keinen Reim drauf machen.
Eines Tages tauchte sie
aus der Versenkung wieder auf.
Sie war mit sich im Reinen,
mit ihrem Sohn und ihrem Gott.
Nicht,
dass sie sich auf alles
nun einen Reim zu machen gewusst hätte –
das nicht.
Aber sie wusste nun,
dass er Recht gehabt hatte.
Man kann sich auf vieles keinen Reim mehr
machen,
wenn einen der Traum einer besseren Welt nicht
loslässt,
und aus dem Traum Wirklichkeit werden lassen
will –
dann kann man nicht mehr so leben,
dass man niemandem auf die Füße tritt,
allen lieb Kind ist
oder sich selbst der Nächste.
Darauf wusste sie sich nun einen Reim zu machen,
dass das Leben ungereimt wurde,
die Haut dünner,
die Nerven bloßgelegt,
sobald man begann, Mensch zu werden.
„Maria bewahrte all diese Geschehnisse
und bewegte sie in ihrem Herzen."

Aus – der Traum?

Zu Kolosser 3,12–21

Man wird doch noch träumen dürfen.
Könnte ich aus meiner Haut schlüpfen
und würde meinen inneren Schweinehund los
und meiner Ängste Herr;
vermöchte ich,
den Hass durch Liebe zu ersetzen
und das Gefühl des Ungenügens
in Zufriedenheit zu wandeln;
berührte es mich nicht mehr,
was über mich
hinter meinem Rücken gesprochen wird;
vertraute ich
trotz manch bitterer Enttäuschung;
trüge mein Glauben meine Schwachheit,
sodass ich mit meinem Gott Mauern überspränge;
verkümmerten meine Schattenseiten
und blühte alles Gute in mir auf –
würde eines Tages dieser schöne Traum
Wirklichkeit,
dann, ja dann wäre ich neuer Mensch
und die Welt friedvoller
und alles würde gut.
Der Verfasser des Kolosserbriefes hatte sich
zu solch wagemutigen Träumen hinreißen
lassen:

„Ihr seid zu einem neuen Menschen geworden,
der nach dem Bild seines Schöpfers erneuert
wird ...
Wo das geschieht,
gibt es nicht mehr Griechen oder Juden,
Beschnittene oder Unbeschnittene,
Fremde, Skythen, Sklaven oder Freie,
sondern Christus ist alles und in allen."
In diesem Traum fallen alle Unterschiede.
Ein Herr, ein Glaube,
keine Herren mehr unter den Menschen,
sondern alle Brüder und Schwestern.

Solchen Träumen
darf man nicht zu lange nachhängen.
Die Wirklichkeit
ist aus anderem Holz geschnitzt.
Der Verfasser des Kolosserbriefes
hat den sanften Abgang gerade noch geschafft.
In seinem Traum heißt es: Liebt einander.
In der Wirklichkeit: Ertragt einander.
Im Traum sind alle gleich: Hautfarbe, Geschlecht,
Alter, Wissen –
sie machen keine Unterschiede mehr.
In der Wirklichkeit:
Die Frau ist dem Mann untergeordnet,
die Kinder dem Vater,
der Sklave dem Herrn.
Das, was ist,

will bleiben,
wie es ist.
Träume erleiden Schiffbruch
an den Riffen der Realität.
Aus der Traum von der Gleichheit aller?
Keine Chance mehr für den neuen Menschen?
Der Kolosserbrief schließt einen Kompromiss.
Die Dinge lassen sich nicht Hals über Kopf
verändern,
geschweige denn die Menschen.
In der Gesellschaft,
die er vorfand,
gab es keine Hoffnung,
die Unterschiede und Herrschaftsverhältnisse
im Sinne Jesu zu Fall zu bringen.
Der Mann ist der Chef,
die Frau gehorcht,
die Kinder gelten in der Antike
nicht als eigenständige Persönlichkeiten,
der Sklave bleibt Besitz seines Herrn.
Aus der Traum?
Nicht ganz.
Es wäre schon viel,
wenn die Männer ihre Launen
nicht an ihren Ehefrauen ausließen,
und noch mehr wäre es,
brächte der Mann seiner Frau gegenüber
ein wenig Liebe auf,
sehr viel wäre dies in einer Zeit,

in der Liebesheiraten eher
die Ausnahme von der Regel waren.
Den Kindern wird nichts anderes übrig bleiben,
als dem Vater in allem zu gehorchen.
Es wäre aber schon viel,
würde der Vater in seinem Recht zu herrschen
seine christliche Pflicht erkennen,
seine Kinder als eigenständige Menschen zu achten,
deren Lebensziel es nicht ist,
ihm zu Willen zu sein,
sondern durch ihn in der Entwicklung ihrer
Persönlichkeit gefördert zu werden.
Texte wie die heutige Lesung
tragen die Erblast falscher Auslegung mit sich,
als wenn die Unterordnung der Frau unter den Mann,
der Kinder unter den Vater,
eines Menschen unter den anderen
gottgewollt wäre.
In meiner Lesart
sucht der Verfasser des Kolosserbriefes
nach einem gangbaren Weg,
den christlichen Traum vom neuen Menschen
zu retten.
Gegen unchristliche Strukturen
kämpft er nicht frontal an,
sondern versucht,
in diesen Strukturen

das Bewusstsein der Menschen zu verändern,
um dadurch die bestehenden Verhältnisse
zu verändern.

Ich empfinde meine Zeit als eine traumreiche.
Träume von einer erneuerten Kirche,
Träume von einem entschiedenen Christsein,
Träume von einem vereinigten Europa,
Träume von einer Weltfriedensordnung.
Viele dieser Gebilde
purzeln wie Ikarus vom Himmel,
weil sie der Sonne der Realität
zu nahe gekommen sind.
Der Kolosserbrief sucht das rechte Maß
zwischen Traum und Wirklichkeit
und hält jeden Träumenden an zu prüfen,
ob denn sein eigenes Bewusstsein
seinem Träumen entspricht.
So mancher Träumer
ist zum Verräter seiner eigenen Ideale geworden,
weil seine persönliche Verwandlung
nicht mit der Geschwindigkeit
seiner hochfliegenden Träume
Schritt gehalten hat.

Christ sein? – Nichts für Sie!

Taufe des Herrn

Ich warne Sie.

Gehen Sie keinen Schritt weiter.

Nicht an der Seite dieses Jesus von Nazaret.

Sie schwelgen noch in weihnachtlichen Gefühlen
und bestaunen den holden Knaben in lockigem
Haar.

Doch das Kirchenjahr hat in wenigen Tagen
dreißig Jahre durchmessen.

Im Handumdrehen ist es erwachsen geworden,
das Christkind.

Heute wird Jesus von Johannes getauft.

Von heute an wird er umherziehen.

Sie kennen seinen Weg.

Von Galiläa nach Jerusalem.

Vom Leben in den Tod.

Von der Krippe ans Kreuz.

Heute ist die letzte Chance,
sich von ihm zu trennen,
bevor Sie in den Strudel der Ereignisse
hineingerissen werden.

Verlassen Sie ihn, jetzt,
bevor es zu spät ist.

Wollen Sie sich wieder von ihm vorhalten lassen,
dass eher
ein Kamel durch ein Nadelöhr zu bringen sei,

als ein Reicher, also Sie,
ins Himmelreich gelangte?
Sind Sie glücklich,
wird er Ihnen ein schlechtes Gewissen einreden,
weil es so viele Unglückliche auf der Welt gibt,
denen Sie nicht helfen wollen.
Er wird von Ihnen verlangen,
Ihre Feinde zu lieben,
einem Schlagenden beide Wangen hinzuhalten,
sich das Auge herauszureißen,
wenn Sie die Schönheit einer Frau
oder eines Mannes in Bann schlägt.
Wollen Sie sich das im neuen Jahr wieder antun,
dass er mit ausgestrecktem Finger Ihnen nachruft:
Weh dir,
der du jetzt lachst, satt und reich bist, weh dir.
Trennen Sie sich jetzt von ihm.
Gehen Sie nicht mit.
Sie passen nicht zu ihm.
Sie wollen Erfolg.
Geld stinkt nicht,
gegen ein pralles Portemonnaie
hätten auch Sie nichts einzuwenden.
Und Sie möchten nicht hintanstehen,
nicht schwach sein.
Rauf wollen Sie,
die Karriereleiter erklimmen,
Macht ausüben,
befehlen,

bestimmen,
Ansehen haben.
Also, belügen Sie sich nicht selbst.
Christ sein –
das ist nichts für Sie.

Lied: GL 616, 1–5 („Mir nach", spricht Christus,
unser Held)

Bilder einer Ausstellung

Zu Markus 1,1–13

Advent und Weihnachten
haben uns durch die Stationen
vor, während und nach der Geburt Jesu
geführt.
Wie in einer Ausstellung
wurden wir von den Evangelisten
Matthäus und Lukas
langsam von Szene zu Szene geführt.
Wir verweilten vor jedem Bild
und hörten die deutenden Worte
unserer beiden Führer.
Lukas weiß sogar noch die Begebenheit zu
berichten,
dass Jesus als Zwölfjähriger die Gelehrten im
Tempel
in Erstaunen versetzte.
In die große Lücke
zwischen Säuglingszeit und Mannesalter Jesu
ist so noch ein Steg eingebaut.

Die Evangelien des Matthäus und Lukas
gleichen der Ausstellung eines Malers.
Der Besucher wird in der ersten Halle
vor Tafeln mit den Lebensdaten und dem
familiären,

sozialen und politischen Umfeld des Malers
geführt.
Der zweite Raum zeigt seine Frühwerke,
dann erst
werden dem so geschulten Auge des Betrachters
die Werke der Blüte- und Spätzeit des Meisters
dargeboten.

Die Galerie des Markus ist da von anderem
Zuschnitt.
Die Türen des ersten Raumes öffnen sich.
Der Besucher wird ins kalte Wasser gestoßen.
Kein Stammbaum,
keine Kindheitsgeschichte,
sondern am Anfang bei Markus:
Die Taufe des erwachsenen Jesus.
Ein großformatiges Gemälde.
Viele Menschen bevölkern es:
Der Täufer, Jesus, große Mengen Volkes;
Wasser, Wolke, eine Taube ...
Atemberaubend.
Von fern erkennt der Besucher schon schemenhaft
noch größere Darstellungen,
die seine Neugierde wecken,
ihn vom Anfangsbild wegziehen,
ihn der Versuchung aussetzen,
den Beginn des Rundgangs durch das Leben Jesu
nur eines kurzen Augenaufschlags zu würdigen
und dann weiterzuhasten.

In der Tat,
der Ausstellungskatalog,
das Markusevangelium,
scheint weniger für ausgiebige Kunstgenießer
geschrieben zu sein,
als vielmehr
eine ungeduldige Schülerhorde im Blick zu haben.
Der Führer muss
sich auf knappe Ausführungen beschränken,
skizzenhaft andeuten,
kein überflüssiges Wort,
um die Konzentration seiner jungen Zuhörer
nicht über Gebühr zu strapazieren.

Lassen wir die üblichen Museumsbesucher ziehen.
Sie wollen alles auf einmal.
Uns aber lädt das erste Bild zum Verweilen ein.
Taufe des Herrn.
Das ist uns nicht fremd.
Wir selbst sind Getaufte.
Durch Wasser dem ähnlich gemacht,
den Johannes am Jordan taufte.
Warum aber reiht sich Jesus
in die lange Schlange der Bußwilligen ein?
Warum beugt sich der Größere
unter die Hand der Geringeren?
Wie kann der,
der ohne Sünde ist,
die Taufe zur Vergebung der Sünden empfangen?

Der vom Geist Empfangene
und mit ihm Erfüllte von Geburt an
empfängt erst in der Taufe den Geist?
Ungereimtheiten,
die einem zu denken geben.

Was hat es auf sich mit dieser Taufe des Johannes,
und warum finden wir Jesus unter den Täuflingen?
Die Leute kommen zum Jordan,
erzählen Johannes ihre Sünden
und werden untergetaucht.
Menschen, von ihren Schatten verfolgt,
bringt Johannes zum Stehen.
Er hält sie an zum Bekenntnis.
So ist es um mich bestellt.
Das Wasser steht mir bis zum Hals.
Ich drohe zu ertrinken.
Im Wasser stehend legen sie ihr Bekenntnis ab.
Johannes führt sie in die tieferen Stellen,
reißt sie kopfüber in die Tiefe,
raubt ihnen den Atem,
hält sie erstickend unter Wasser.
Jetzt erst ist ihre Selbsterkenntnis vollständig.
Sie sind wie Ertrinkende
mit den Bleigewichten ihres gescheiterten Lebens,
fern des odemspendenden Lichtgottes.
Dann erst gibt sie die Hand des Täufers frei.
Die Untergetauchten schnappen nach Luft.
Erleichterung durchströmt den ganzen Körper.

Sie waren tot und leben wieder.
Neuanfang.
Die Taufe des Johannes
bringt die Ertrinkenden zum Stehen,
sie lässt sie ertrinken,
sie lässt sie sterben,
um sie neu zu beleben,
gereinigt, entlastet, wiederbelebt.

Jesus stellt sich ins Wasser.
Ihm ist es nicht lebensbedrohlich.
Seine Haltung ist Vertrauen.
An anderer Stelle wird erzählt,
dass er übers Wasser schritt.
Ihm steht es nicht bis zum Hals.
Er ist kein Ertrinkender,
er ist der Rettende.
Das zeigt sich bei seiner Taufe.
Es braucht Mut,
sich den Folgen des Getauftseins zu stellen.
Getauft sein heißt,
Vertrauen haben.
Unter uns gähnen Untiefen des Meeresgrundes.
Wir wissen um sie.
Wir schwimmen und schwimmen,
die abnehmende Energie spürend,
bis uns kraftlos Arme und Beine
ihren Dienst versagen
und uns Strudel nach unten ziehen.

Wir hätten auf dem Wasser gehen können,
auf der Meeresoberfläche hätten wir ruhen
können,
wenn wir stehen geblieben
und gestorben wären unseren Ängsten.
Ausgestreckte Hände ziehen uns nach oben
und ermutigen uns zum nächsten Versuch,
auf dem See zu gehen,
sich tragen zu lassen
statt in Panik sich totzustrampeln.
Wir sind getauft auf Christi Tod:
Alles, was uns plagt, soll – muss sterben.
Wir müssen unter Wasser,
damit dem Lebensfeindlichen die Luft ausgeht.
Gott hebt uns hernach an die Oberfläche zum
befreiten Ein- und Ausatmen.

EPILOG

Die Wette
Zu Johannes 1,1–18

Am Ende war das Nichts,
und das Nichts hielten wir für Gott,
und Gott war nicht.

Am Ende war kein Gott.
Alles ist zufällig geworden,
und es gab nichts, was geworden ist,
was nicht aus dem Zufall kam.

Eine Laune dieser Entwicklung war das Leben,
Das größte Irrlicht der Evolution der Mensch.
Er lebte
und konnte sich nicht vorstellen,
nicht mehr zu leben.

Er kam aus dem Nichts und ging in das Nichts,
aber das Nichts war ihm unerträglich.
Der Mensch sehnte sich nach Licht,
doch kein Licht konnte
das Dunkel seiner Herkunft erhellen,
noch seinem Tod einen Sinn einleuchten.

Es trat ein Mensch auf,
von dem andere Zeugnis ablegten,
Er sei das ersehnte Licht.

Er sprach von einem Gott,
Seinem und unserem Vater.
Er sprach von Sinn und ewigem Leben.
Er sprach von Gerechtigkeit und Frieden.

Der Mensch war in der Finsternis
und er wusste, dass es kein Licht gab,
kein Alpha und kein Omega,
keinen lichten Ursprung
und kein sinnbergendes Ziel,
doch er konnte es nicht ertragen,
im Finstern zu leben.
So war er bereit,
Ihm zu glauben,
von dem gesagt wurde,
Er bringe das Licht,
obwohl er im Tiefsten wusste,
dass er sich selbst betrog.
So projizierte der Mensch seine tiefsten
Sehnsüchte
auf die dunkle Himmelsleinwand
und nannte sie Gott,
wider besseres Wissen hoffend,
dass Er,
von dem man sagte,
Er ruhe an seinem Herzen,
ihn einst auch dorthin ziehe,
wo das Licht über die Finsternis siege.

Was war im Anfang?
Was wird am Ende sein?
Das Wort,
Gott,
Licht, Gnade und Wahrheit?
Oder Nichts,
Materie, Energie,
Finsternis, Staub;
das Bewusstsein, gelebt zu haben,
im leeren Raum vergessen?

Wer weiß ...
Zwei Glaubenssätze:
Es gibt einen Gott.
Es gibt keinen Gott.

Blaise Pascal verglich es mit einer Wette.
Die Wahrscheinlichkeiten,
dass es Gott gebe,
oder dass es ihn nicht gebe,
stehen eins zu eins.
Angenommen,
Gott existiere,
das Leben bürge Hoffnung.
Existiert er nicht,
darauf gewettet,
es gäbe nichts zu hoffen.
Wären beide Annahmen gleich wahrscheinlich,
sei es, so Pascal, klug und vernünftig,

man wähle die Position,
aus der einem ein positives Resultat erwachse.
Letztlich, so meint Pascal,
sei Glaube eine Sache des Herzens.

Darauf kommt's wohl an,
wenn einer von Gott spricht,
dass er zu Herzen spricht.

Die Wette steht eins zu eins.
An Gott verzweifeln,
auf Gott bauen –
Glaubende sind Grenzgänger.

Pro oder kontra Gott?
Die Höhe des Wetteinsatzes
bestimmt sich danach,
ob dieser Gott zu Herzen geht
und jemand da ist,
der zu Herzen spricht.